天堂河不相信绝望

岳伟华　贾　俊　编著

武汉理工大学出版社
·武　汉·

图书在版编目（CIP）数据

天堂河不相信绝望/岳伟华，贾俊编著. —武汉：武汉理工大学出版社，2019.9

ISBN 978-7-5629-6016-4

Ⅰ. ①天… Ⅱ. ①岳… ②贾… Ⅲ. ①戒毒—案例—中国
Ⅳ. ①D669.8

中国版本图书馆 CIP 数据核字（2019）第 153885 号

项目负责人：楼燕芳　　**责任编辑：**楼燕芳
责任校对：向玉露　　**排版设计：**正风图文
出版发行：武汉理工大学出版社
地　　址：武汉市洪山区珞狮路 122 号
邮　　编：430070
网　　址：http：//www.wutp.com.cn
经　　销：各地新华书店
印　　刷：武汉兴和彩色印务有限公司
开　　本：787×1092　1/16
印　　张：17
字　　数：206 千字
版　　次：2019 年 9 月第 1 版
印　　次：2019 年 9 月第 1 次印刷
定　　价：49.00 元

凡购本书，如有缺页、倒页、脱页等印装质量问题，请向出版社发行部调换。

本社购书热线：027－87523148　87664138　87785758　87165708（传真）

序一

吸毒不但危害个人的身心健康、名誉和前程，而且严重危害家庭幸福和社会安定和谐。强制隔离戒毒是我国重要的戒毒模式，有助于戒毒人员加强法制观念、学习如何戒毒、加强自我约束和远离毒品。

经过31年的学习和20多年的调查和试验，我们开发出“动机—技能—脱敏—心理能量（以下简称MSDE）”干预模式，并举办了多期培训班。2016—2018年，应北京市监狱（戒毒）管理局的邀请，我们在北京市天堂河强制隔离戒毒所对骨干民警开展了14期MSDE心理戒治方法培训，期待民警对戒毒人员的心理干预更有成效。

强制隔离戒毒所里的民警如何对患者进行心理干预？对此我一直心存疑问。当我拿到《天堂河不相信绝望》的书稿，仔细阅读之后，感觉很欣慰。本书原汁原味地记述了天堂河强制隔离戒毒所民警与戒毒人员心灵对话的故事，反映了戒毒民警的真实工作状态和两年强制戒毒期内戒毒人员成长改变的历程。这些对话包含了民警对戒毒事业的热爱和对戒毒人员发自内心的关爱。从字里行间可以看出，天堂河强制隔离戒毒所的岳伟华等民警同志对戒毒人员比较尊重，对戒毒事业有高度的责任感，对戒毒心理干预兴趣浓厚，他们坚信通过自己的努力，运用科学的方法，可以帮助戒毒人员远离毒品。岳伟华等民警同志认真采用 MSDE、正念等科学方法，激发和加强戒毒人员的戒毒动机，调动他们的正能量，坚定他们的戒毒信心，让他们学会如何戒毒，通过用心批阅他们的日记等多种形式肯定他们的努力，抚慰他们的心灵，引导他们不断前进。

本书作者岳伟华同志是一名在戒毒康复一线工作的民警，是具有国家心理咨询师资质的心理咨询师。在科学戒毒理论的指导下，他从戒毒人员的心理、行为特征出发，在帮助戒毒人员恢复心理健康、加强戒毒动机、提升戒毒技能的实践中不断探索和实践，在具体做法上有创新，有自己独特的操作手法。他的探索和经验对戒毒心理治疗、行为矫治的实践具有重要的意义。在本书中，我也看到戒毒人员在岳伟华等民警的帮助下发生了积极的改变，逐步获得正能量，挣脱心瘾桎梏，走向新生活。

本书既是戒毒康复、行为矫治的重要参考资料，也是一本了解强戒制度、戒毒工作的书籍，更是一部戒毒人员在民警的带领下面对现实改变心理状态的纪实作品。在繁忙的工作之余，民警岳伟华撰写了这本纪实性书籍，付出了很多心血和汗水，在此，向他表示祝贺，同时也为他长期以来为戒毒事业所付出的不懈努力和追求的精神而深深感动。本书与其说是作者工作的实录、感知、体验，不如说是作者出于高度的政治和社会责任感，执着追求，勇于探索和实践的结晶。

当前，我国戒毒康复工作处于一个探索、创新的时期，需要许多工作在平凡岗位上的脚踏实地、胸怀崇高理想信念的民警、咨询师、社会工作者和志愿者。在本书作者身上，就集中地反映了这样一种平凡而伟大的精神！在此，我谨向作者和所有工作在戒毒康复战线的同志们致敬！

2018年，习近平总书记就戒毒工作作出重要指示，强调要加强党的领导，充分发挥政治优势和制度优势，完善治理体系，压实工作责任，广泛发动群众，走中国特色的毒品治理之路，坚决打赢新时代禁毒人民战争。在天堂河强制隔离戒毒所3年14周的培训期间，我得知他们将干警每周哪个时间段对哪个班组的戒毒人员做什么内容的心理辅导和督导等都进行了详尽具体的安排，这让我印象非常深刻，感觉到北京市监狱（戒毒）管理局及其下属的天堂河强制隔离戒毒所等单位在努力认真地落实习近平总书记关于禁毒工作的重要指示精神。本书正是在这样一个良好的管理环境下孕育出来的。

在全国各省区市强制隔离戒毒所、戒毒医院及社区，有不计其数像岳伟华这样在戒毒战线辛勤耕耘的民警、咨询师、社会工作者和志愿者，期待他们能够实实在在地帮助更多的戒毒人员脱离毒瘾的控制，帮助千千万万个戒毒人员的家庭脱离苦海，为我国的戒毒事业和社会和谐做出巨大贡献。

王增珍

华中科技大学同济医学院教授、博士生导师

同济医学院心理卫生研究中心高级心理咨询师

国家禁毒委中国毒品滥用防治专家委员会委员

司法部司法行政戒毒工作专家咨询委员会委员

亚洲药物滥用研究学会副理事长

湖北省戒毒矫治研究会副会长

2019年6月9日

序二

我从小就看过身边的人深受酒精依赖、药物依赖的煎熬，见证过他们不断尝试戒瘾、与渴求斗争、戒瘾失败、再一次陷入依赖、自暴自弃的循环反复的过程。选择学习心理学专业后，我一直期待能帮到这些身心深受煎熬的群体。机缘巧合，在中国科学院心理研究所攻读博士学位期间，我有机会与北京市天堂河强制隔离戒毒所合作，采用正念防复发的方法帮助那些因吸毒而接受强制隔离戒毒的人员。研究表明，正念的训练有助于改善强戒人员的认知功能和情绪，并能降低其对渴求的反应，提高渴求的耐受力，为进一步戒毒提供心理空间和能量。

作为一名成瘾行为的研究人员，我受天堂河强制隔离戒毒所的邀请，对正念防复发项目进行推广，期间，接触了奋战在戒毒一线的多位民警。在共同研讨和学习的过程中，我们建立了深厚的友谊。我对民警们主动学习、积极探索的精神，以及为提高教育矫治的效力而做出的努力充满了敬意。第一次阅读这本书稿时，我被书中朴实的语言、如实的呈现、善意的关爱所感动。如今的戒毒管理，重点已经不在于管理，更重要的是给强戒人员以人文关怀，为他们重新步入社会做好心理和能力上的准备。

本书以进入强戒期后的时间为主线，如实展现了成瘾人员经历过的心理感受及心理冲突，如深受毒品影响的感知和觉察能力，失去自由的恐慌和挫败，逐渐适应强戒生活后对未来生活的幻想和焦虑，等等。鲜活的经历向人们展现出了不同成瘾阶段和不同戒瘾状态下人的心理发展变化过程，可读性很强。

吸毒成瘾及其高复发率是迫切需要解决的社会问题，也是不断困扰成瘾人员戒治工作的难题。正念防复发技术通过不断地练习正念，觉察自我的当下心理经验（包括想法、情绪、感受以及它们之间工作的模式），并对当下心理经验持开放、接纳、不评判的态度，有助于改变个体与自我经验之间的关系。在觉察渴求、识别渴求、应对渴求的过程中，运用正念技术应对高复发的风险情景，能够在日常生活中控制自己，减少复发。这是一种新的方法。本书中天堂河强制隔离戒毒所的民警不断习练正念防复发方法，并将其运用到日常实际工作中，同时不断进行方法的本土化，设置了具有天堂河强制隔离戒毒所特色的正念课程，如春天带领强戒人员在草地上练习正念瑜伽，在身体姿势的改变中觉察自我的心理体验，并学会适应和接纳极限。正念防复发技术与以往戒毒方法最大的不同在于其对个体和渴求的关系有不同的态度，它并不否认渴求，而是善意地识别渴求，并接受渴求会时时造访的现实，相信渴求会来也会走，因此不拘泥于以往的应对方式，增强面对渴求时的力量，这就是正念练习的意义。

关于本书，我体会到了三点：

第一，真实。本书是从强戒人员的视角来感知戒毒生活的。环境的突然变化让他们初入戒毒所时不安、惶恐、无措，民警耐心的说明、感同身受的鼓励、系统科学的引导，让强戒人员在专业、系统的体验活动中逐步恢复平静并进行思考，之后，他们开始聚焦现实中的烦恼，开始面对自己给亲友造成的困扰。成瘾人员心理成长的过程和戒毒警察用心助戒的思考，被真实详细地呈现在读者眼前。

戒毒警察用心、用情引导戒毒人员，戒毒人员在戒毒警察的言传身教中感悟生活，改变心态。这对我们专业的研究人员来说具有很强的借鉴意义。

第二，专业。民警岳伟华和他的戒毒团队满怀助人情怀，在上级领导的支持下，搭建有效的学习实践平台，成功推动吸毒人员向戒除毒瘾、积极生活的方向回归。他们边干边学，边学边想，边想边用，在新理念、新理论的指导下运用新方法帮助吸毒人员回归人性，也使自身的引导能力得到了提高。

作者通过对成瘾人员吸毒的经历和戒毒过程的描述，反映了毒瘾对人心理、生理的深远影响；作者以成瘾人员心理成长的实例说明了专业、科学的戒毒方法的重要作用；作者从强戒人员的视角揭开了强制隔离戒毒所神秘的“面纱”，给了关心、关注戒毒的人更多的信息和信心。

第三，用心。为了更好、更有效地满足成瘾人员戒除毒瘾的需要，北京市天堂河强制隔离戒毒所专门邀请了我们这些研究人员，尝试用正念的方法解决成瘾问题。该所要求工作人员学理论、用方法、抓实践，使戒毒工作更加科学、有效。

这本书展现的是戒毒人员的戒毒经历和心理成长过程，戒毒人员在与戒毒警察的密切互动中建立了相互信任的关系，增强了戒毒的信心。正是这样一群踏实、肯干、可爱的人，用心撒播科学戒毒的“种子”，他们的所作所为给新的戒瘾方法提供了更好的实践平台。期待毒品成瘾者早日脱离“毒海”，早日回归家庭，融入社会。

本书既有助于家属更好地理解戒毒人员在强制戒毒期间的心理感受，从而提供更有效的支持，也可以为同行或对此感兴趣的社会工作者提供参考，是一本值得细细品读的人生教科书。

中国科学院心理研究所博士　王金凤

引言

在北京市大兴区，有一条同永定河流向平行的小河，叫天堂河；它长约30千米，水源多为永定河的透堤水及降雨的积流，河道蜿蜒曲折，河床宽窄不一，没有固定的堤埝，多有浅坑低洼。早年的天堂河，遇大雨时，常通行不畅，洪流漫溢；遇干旱时，则断流干涸，植物稀少。河两岸黄沙漫漫，土地沙化严重，人民生活困苦。

从1950年开始，当地政府组织上万人先后对天堂河进行了疏浚固堤、建节制闸、裁弯取直等治理工程，保证了流域农田的排涝灌溉，使天堂河流域这片贫瘠的沙丘荒地慢慢变成了物产丰富的良田农场。如今的天堂河今非昔比，焕发出了勃勃生机。

在天堂河这块土地上，有一个特殊的场所——天堂河强制隔离戒毒所（简称“天堂河强戒所”）。在这片高墙筑起的特殊天地里，绿树成荫，鸟语花香，一池碧水，柔波旖旎，两岸垂柳，绿丝婆娑，一草一木无不透出盎然生机。这里的高墙隔离了吸毒者与毒品的纠缠，斩断了吸毒者与绝望的捆绑，荡涤了吸毒者麻木的灵魂，点亮了戒毒者人生的希望之灯。

在天堂河强戒所，“人本、科学、安全、救助”的宗旨被融入每项戒毒工作中。这里的民警们本着“所内科学戒治，出所有效衔接，所外持续照管，风险及时救助”的戒毒一体化理念，在戒毒矫治理论研究上积极探索，在戒毒治疗实践上勇于创新，实现了由传统“管理”型向现代“戒治”型的转变。他们积极与科研院所交流沟通，先后引进、研发、推行了“正念防复发”“MSDE（动机—技能—脱敏—心理能量）干预模式”“成瘾者认知行为重构”“运动康复”“经史合参”等多个戒治项目，提升了对戒毒人员进行科学有效干预的能力。他们推进了统一戒毒模式的建立，形成了生理脱毒、教育适应、康复巩固和回归指导的四个戒毒阶段，实体化运行了戒毒医疗、教育矫正、心理矫治、康复训练、诊断评估五大戒治中心，建立了集“生理脱毒—入所适应—评估分类—靶向综合戒治—出所适应—延伸照管”于一体的系统戒毒机制，并且实施了精准个案矫治计划。他们还探索建立了传统文化戒治功能区、正念干预功能区、“康复运动＋认知行为”治疗功能区等，组织人员编写了20余种民警操作手册及戒毒人员学习手册，使戒毒工作更加规范化、科学化和系统化。

在天堂河强戒所，有195人持有教师证、心理咨询师证、项目戒治训练师证等各类证书，有2位司法行政戒毒系统首批认可的教育戒治专家。“正念防复发”项目获评司法部优势戒治项目、司法行政理念研究科研项目。天堂河强戒所成立了全国司法行政系统首家“经史合参导引师内视观想中心”，创造性地建立了经史合参与内视观想紧密结合的传统文化戒毒干预体系。其分期分类戒治、“正念防复发”、成瘾者人格干预等40余项研究成果先后在《中国司法》《犯罪与改造》等核心期刊上发表。天堂河强戒所曾获得司法行政社会管理创新奖，被评为第六届“人民满意的政法单位”（1次）和“首都文明单位标兵”（2次），获得北京司法行政系统集体二等功1次、集体三等功4次。

在天堂河强戒所，一颗颗沉沦的心被唤醒，一段段不堪回首的治部评为“十佳优秀演奏员”，同时获得了报考军校的机会。由于军校专业不对口，他考虑再三后选择了继续追求自己的音乐理想，就读于地方院校的音乐系，专修音乐作曲理论，这为他以后走上职业音乐人的道路奠定了坚实的基础。复员时“特招兵”属于紧俏人才，他被新疆农业银行“抢”去，后因工作业务与音乐不相关，不到一年他选择了辞职。

1995 年，大志带着梦想来到北京，开始追求音乐梦想的奋斗征程。奋斗的历程充满了艰辛与坎坷，但自我的追求和家人的帮助及支持让他对未来充满了信心。期间，女友放弃了报社编辑的职位，随他一同来北京开始“北漂”生活。他先后参加过几个带有新疆民族风格的乐队，赢得了良好的口碑。与此同时，他和女友完婚，贷款在北京买了房，有了属于自己的家。

经过长期的积累与沉淀，加上坚持不懈的努力，他与几个朋友组建了乐队。后来，因为理念的差异，乐队解散，因严重违约，他背负了沉重的债务，事业上遭遇的挫折让他逐渐消沉。

为摆脱内心的苦闷，他疯狂熬夜创作、练琴，沉迷于聚会中的倾诉，在这个过程中，他接触了一种叫嗑药的“文化”(圈里人把吸食冰毒称作“嗑药”)。经过一段时间的场内观察与交流，在 2013 年年初的一次聚会上，他开始吸食“冰毒”。在繁重的工作压力和灵感枯竭的情况下，他频繁用吸食冰毒来提升自己的创造力。在一次又一次体验精神的短暂愉悦后，他对毒品的使用到了变本加厉的程度，最终掉入了万丈“毒海”之中，苦苦挣扎，却不能自拔。

2016 年，大志再次吸毒后被抓获并被处以强戒两年，同年 12 月，他来到我大队接受戒毒治疗。初入所时，由于各种行为规范要

引子

大志①的父母是响应党的支疆号召的有志青年，他们早年来到素有“歌舞之乡”之称的新疆安了家。大志出生于乌鲁木齐，在家中排行最小，上有一个哥哥和两个姐姐，从小便深受家人宠爱。小时候父亲的那把小提琴给他留下了很深的印象，让他从小爱上了音乐，在他13岁时，大姐用自己工作后第一个月的工资给他买了一把吉他，并带他到歌舞团报名学习古典音乐。学习过程单调而枯燥，但丝毫没有影响他对音乐艺术的渴求，与其他学音乐的同龄人相比，他悟性高，进步快，常能得到音乐老师的表扬。

高考失利后，大志和几个兴趣相投的朋友组成了乐队，在街头、酒吧唱歌。19岁时，他和他的乐队受邀到部队表演，得到军区认可并被部队特招入伍，光荣地成为一名解放军文艺战士。经过刻苦的学习和排练，他在全军文艺大调演中被某军区政

① 书中所有戒毒人员的名字均为化名，以保护戒毒人员的隐私。

——编者注

第一辑

天堂河的春天

大志说：“吸毒后我没有再感觉到春天，如今发现天堂河的春天格外美，风景独好，我喜欢这里的春天。”

我说：“我也喜欢天堂河的春天，这里的春天有明媚的春光，还有能觉察出春天的你们。”

天堂河的春天里，处处充满生机，孕育着重新起航的生命力，培植着破蛹蜕变的勇气。

目　录

第一辑　天堂河的春天

第二辑　梦醒天堂河

第三辑　天堂河不相信绝望

往事被赋予新的意义，一个个绝望的灵魂获得涅槃重生。天堂河强戒所的民警们与戒毒人员进行深入的心灵对话，走进他们的内心，挖掘他们的闪光点，打开他们的心结，唤醒他们的良知，使他们慢慢接纳自己、改变自己，坚定地将戒毒意愿付诸行动。戒毒民警们用广博的专业知识、科学的戒毒方法、无私的胸怀挽救了无数的吸毒者和吸毒者的家庭。

本书向读者展现的正是天堂河戒毒民警这个特殊奋斗群体的缩影，是“天堂河精神”的具体体现。细细品读本书，可以慢慢走近戒毒人员的心灵，感受他们戒毒的心路历程，体会民警的无私和忘我、爱心和情怀，对戒毒工作有全新的认识和理解。

虽然四季交替，物换星移，但天堂河强戒所的民警们自觉的使命担当、自强的英雄气概和自信的精神风貌至今未改，且历久弥新，汇聚成了强大的“天堂河精神”，继往开来，与时俱进，正如川流不息的天堂河水静静流淌，永往直前！

求对他来说太陌生、太复杂，他紧张慌乱、语无伦次、手忙脚乱，觉得自己狼狈不堪，于是就有了周总结中的描述。

吸毒人员在吸食毒品的生活中是随性、放纵的，长时间无节制地使用毒品形成畸形的生活习惯，这样的习惯导致他们远离了正常的生活状态，同时也形成了异于常人的以自我为中心的思维和应对处理问题的固有模式。吸毒人员易激惹、脾气急，甚至一言不合就离家不归。

大志是一个音乐人，对艺术的不断追求让他对细节十分敏感，对事情要求完美。这种品质影响着他的生活，也让他的戒治成长历程得以更客观地保留下来，所以这个戒毒故事会更多地从他的视角来呈现。

追求完美、内心细腻，让大志面对新生活、新环境时更局促、紧张，特别是戒毒场所中以行为训练为目的的纪律要求和有序、科学、严格的生活秩序，深刻地影响他的感受、认知、情绪，我们的故事也就是从这里开始的。

一周总结　2016 年 12 月 25 日

刚才听班长说，周日每人要写一份总结，忽然觉得时间过得还真快。也许任何时候回首往事都会觉得光阴似箭，可是自强制戒毒后有种对时间的恐惧，几乎不敢关注时间，每当太阳升起时，总觉得离上一次太阳升起已很久远。

记得刚来天堂河强制隔离戒毒所（简称天堂河）的第一天，实在不适应这里的一切，从入所体检完毕、进行人员交接的那一刻开始，我先前的所有适应都被颠覆，感觉一切都将重新开始，重新适应，事实也的确如此。各种要求对我来说太陌生、太复杂，稍有疏忽便会语无伦次、手忙脚乱，甚至连自己的名字都能说错，还要向队长解释自己的真实身份，真是狼狈不堪。唉，只能一声叹息！这一天，便是在紧张、忙碌、狼狈中匆匆度过的。

其实，要求看似很严厉，但对于我们的每一次错误队长都给予了极大的耐心，并给足了时间，让我们校正自己的错误与不规范，使我们每个人心里逐渐放松了下来。

之后的几天，依然在忙碌、紧张中度过。队长对我们的队列进行了规范的训练。最让人意想不到的是，队里还为我们每人发了一支笔、一个本子。强制戒毒前我并不常写字，笔几乎被键盘代替，没曾想来到这里后却要提笔写字了，仿佛又回到了上学的年代。虽然总提笔忘字，加上太久不写，字迹潦草，可发现自己居然很期待这种能写的感觉。

背规范，练报告词，训练队列，写各种感想、成长史，中间还要练习叠被包，除了紧张忙碌，还有疲惫。可回头一看，自己这几天竟忘了关注时间，无意中少了“时间恐惧感”！

又一天过去了，这样的生活明天还将继续！

岳语箴言①

虽然总有意外的惊喜，但生活还是需要付出的。在剩下的一年多时间里，你应该为自己做出规划。我们虽然是初次接触，但我能从你身上感受到严谨、稳重。你是一个成功过的人士，这些年虽有些耽误，但只要能够不荒废这两年时间，解决好目前的问题（毒瘾），你肯定能够生活得很好！加油！

岳语回音②

当周总结发回时，发现竟有岳队长细致的点评。在细看内容之前，我心里就已经多了份小小的感动，迫不及待地看完岳队长的评语，合上本子后还不由自主地想打开再看一遍，生怕遗漏了哪句话

① “岳语箴言”：沟通是心与心交流的桥梁，是真诚与信任的伙伴。民警与戒员的沟通不仅在于面对面的语言交流，还在于心与心的文字交流，这种交流虽寂然无声，却融心入神。本板块正是民警与戒员文字交流的内容体现，是民警阅读戒员的周记、感想、总结等文字性内容后的反馈，虽非字字珠玑，却句句箴言，给戒员以心灵上的关怀、慰藉与鼓舞。

② “岳语回音”：有效的沟通是双向的互动性交流。本板块是戒员对“岳语箴言”的“回音”，使民警与戒员的交流更密切，沟通更深入。

哪个字！从八月份进拘留所，后转到“安康”①，直到现在，四个月了，没有跟谁有过这样的沟通。岳队长对我有老师对学生般的期待，有好朋友间的推心置腹，更有家人间的鼓励、安慰和温暖……

简短的文字，通俗的语言，却承载着一种厚重的嘱托与浓浓的情意，让我原本在严冬腊月的寒风中煎熬的心，瞬间触碰到一股浓浓的暖意。

此刻，鼻子酸酸的，泪水模糊了双眼！我只有低头前进，低头前进……

岳语箴言

读你的周记，是与你交流的一种很好的方式，周记中每一句话、表达的每一种心情都是你真诚的诉说，也是我了解你并与你沟通的桥梁。谢谢你给我的信任，谢谢你鼓起勇气在文字里坦露真实的内心，把心灵深处的痛与泪、冷与暖、绝望与期待都展现在我面前，因为我知道一个人要向另一个人吐露心声是非常不容易的。

虽然帮助你们戒毒是我的工作，但是我觉得这不只是一份工作，我希望那是一个生命对另一个生命的陪伴、理解和接纳。

你们的内心是孤独的，毒品让你们失去了太多生命中宝贵的东西，你们常常在绝望中挣扎。在人生的低谷，希望我真诚的陪伴可以让你们感到一丝温暖。虽然我能做的并不多，而且戒毒主要还是靠你们自己，但我依然会认真对待我们之间的每一次谈话、每一次周记交流，唯恐错过你们没有明说的某种心情，或者是一些我未能关注的内心变化。

---

① “安康”：北京市公安机关戒毒机构。在北京市被执行强制隔离戒毒的人员首先在安康戒毒所接受 3～6 个月的生理脱毒，后转入北京市司法行政戒毒场所开展后续治疗。

从你的反馈来看，你也很认真地对待我写给你的留言，生怕错过一个字，与我的态度是一样的，说明我们的互动是真诚的。希望这种沟通可以成为你戒毒路上的阶梯，让我们共同努力，一步一步接近戒毒目标。

互勉！我们是同龄人，一起携手进步！

2016 年 12 月 26 日

入冬以来难得一见的晴空万里出现在昨天下午。虽然阳光明媚，可毕竟是入九寒冬，我在北京特有的冬季寒风中感受着阵阵寒意。由于太久没有进行户外活动，刚出门时我还有种呼吸到新鲜空气的欣喜，但没有多久便在寒风中回到了现实。

岳队长带领两个班（强戒所内每个宿舍称为一个班）的新人列队到操场，进行了入队以来的第一次队列训练。20 年前被野战步兵师特招入伍，新兵训练的场景顿时在我心中重现。但在军姿训练时我忽然意识到此刻虽然站姿相同，却早已没有了 20 年前军人的那份特殊的荣誉，此时的自己也早已不是 20 年前青春帅气、富有朝气的样子。不过我依然努力地按照岳队长的要求做好。这一细节被细心的岳队长看在眼里，他看似随口地问了我一句是否当过兵。随后，他确认了我的姓名和年龄，对我的站姿给予了肯定，并说了句“像个老兵”。虽然只有简短的几个字，却让我振奋了很久，我有了一种久违的感觉，内心里有一丝小小的激动。在后面的队列行进训练中，我们不时有人出错，队长在寒风中用极大的耐心讲解并纠正着每个动作，还时时做着示范。此情此景，我们所有新人身体虽冷，却因岳队长不厌其烦的包容态度，内心充满了动力，一遍又一遍训练……

一下午的训练虽然紧张、疲惫，结束后回班坐下时，却总能时不时想起训练中的细节。想想每隔不久就有一批新人入队，队长们对新人的包容却依旧，这需要何等耐心？仅这种持之以恒的态度和包容的心态，就足以给我们所有人竖起一个标杆式的榜样，让我们有了一个学习的方向。其实每天无须想太多，仅身边就有太多值得学习的人。今后的日子里，还有什么理由不能达到行为规范要求呢？

岳语箴言

物是人非，队列里的你已然不同于20年前的你。不过军人的经历已在你身上留下了印迹，所以我注意到了你身上表现出来的认真坚持、积极上进、纪律性强等特质。在队列中的你具有自己的特点，因为过去的生活在你的脸上都有所体现。

谢谢你对我的关注、观察和对我们这个职业的认可，由此可以看出你在用心生活，用心关注你身边的人，也在不断从外部吸取滋养自己的能量，为你点赞！也为你最后一句对自己的高声反问叫好！

岳语初心①

强戒人员在强戒所进行戒毒治疗的目的是改变他们异于常人的言行和思想，破而后立。入所的行为训练就是改造他们的工具，一般分两步走：第一步是规范养成训练（大志第一周总结的便是这种训练的感受）；第二步是队列训练。上面便是大志的队列训练感受。

我们开展队列训练的目的有很多，如建立标准、康复健身、树立信心、培养意志等。训练过程中，我们边训练边反复说明其对强

---

① “岳语初心”：交流有主题，沟通有背景。本板块是民警与戒毒人员互动的“旁白”，从民警的角度，让读者了解特定沟通情境的“画外之音”。

戒人员的作用。规范的动作、集中的注意力，会让强戒人员体验到这是一种有效且科学的戒治活动。民警坚韧、严谨的形象能成为榜样，引领大家前进；严明的纪律能随时鞭策大家改变随性的思想和行为；指挥员的及时肯定能成为大家坚持训练的动力。曾有强戒人员这样描述自己的体验："我感触最深的是冬日里逐渐增加时长的站姿训练，我感受着身体与严寒的对抗，30 分钟好漫长啊！能做到吗？时间过半了，我再坚持一下，再有 10 分钟就能结束了，还有 5 分钟就到了……在不知不觉中，我竟然达到了要求，特别是队长下达'原地踏步走'的口令后，我清晰地体验了那种从酸痛的传导、缓解到全身轻松的过程，发现寒风居然不再刺骨。突破自己认为的极限原来是能够做到的，而且过后的成就感与轻松感也是很让人回味的。"

班会感想 2016 年 12 月 27 日

晚饭后，岳队长进班给我们开了个班会。他提了两个简单的要求：第一个要求是让每个人给自己对新环境的适应情况打个分，并就所打的分值进行说明；第二个要求是让每个人以“强戒所是……”造句。

每人依次轮流发言。班里所有人都发言之后，岳队长认真地对大家的发言进行了总结性的点评。

这时，岳队长又提出一个新的问题：吸毒对我们每个人产生了什么样的影响？这是一个沉重的话题，一个我们都曾经发过牢骚的问题，也是我们都想刻意回避但又不得不面对的问题。顿时，一石激起千层浪，气氛变得压抑起来，让人有些喘不过气来。毋庸置疑，吸毒对我们每个人的影响都是非常大的。大家在压抑中显得有些激动，各有感慨，以致有人在发言中泣不成声。我也不例外，数度哽咽，无法完整地说下去。

可恶的毒品，有人因它失去了原有的工作，有人因它被父母亲人放弃、疏远，还有人因它失去了原来的朋友、曾经的合作伙伴，甚至有人因它家破人亡、妻离子散。每个人在伤感地、痛苦地讲述着这些自己不想重提的旧事，大家发着牢骚，宣泄着痛苦。此时，各种画面也在我的脑海里交织呈现，各种场景如电影般回放：朋友在惊讶与叹息中远去；亲人在无奈与伤心中痛哭；孩子在不解与无助中彷徨。这一切其实早已无数次在脑海中闪现过，在耳边回响过，以至于都有些麻木，似乎可以坦然面对了。然而当戒友大帅在哽咽中提到自己的父亲时，我又无法回避地想起了自己八十岁高龄的妈妈，无法抑制，泪如泉涌。我无法想象因自己在强戒而再也见不到她老人家的那种遗憾、那种自责，即便这仅仅是个假设。

最后，岳队长让所有人分别用左手、右手写三遍自己的名字，并比较左手、右手写名字所用时间的不同，仔细观察字的不同，同时体验用不同的手书写时的感受。我明白岳队长是在用这种方式向大家说明一个道理：改变一种习惯需要时间，重新养成一种新的习惯，可能有难度，但只要想做，一定能做到，不破不立！一种体验可以衍生出一个道理，岳队长用这种方式来鼓励大家，让大家找到了安慰与希望。大家都依次分享自己的感受之后，吉祥同学做了二次发言，他安慰大家，无论发生什么，只要身边还有亲人在，其他的就都不重要了。说得真好！确实如此，还有什么比亲人的支持更重要呢？

岳队长做了精彩的总结。他详细地向大家解释，两年的强戒期是根据生理、心理脱毒，以及脑功能与心理恢复的最短周期科学确定的。他说：“相信自己，重新开始，即使用另一种方式生活会有难度，但只要想做，肯定能做到，只是时间问题。”这句话给我留下了深刻的印象，也让我对未来的生活充满了信心。期待我们每个人都树立一个清晰的目标，勇敢面对自己所面临的问题，不给自己任何借口，明确方向，一定会有惊喜与收获。

我从心底里感谢队长对我们的关心和帮助。让我们坦然面对将要发生的一切吧！明确方向，树立目标，重新扬帆！

岳语箴言

班会上你们的言行让我陷入了沉思，我深深地感受到了吸毒给你们带来的创伤之大，毒品不但伤害了你们的身体，而且还在吞噬你们的心灵。被贴上“吸毒者”的标签后，一个人便从正常人中被隔离出来，成为一个让他人另眼相看的人，一个被大家提防和远离的人，他就像一座孤岛，失去了与外界的联系，这种疏离感、下坠感、无力感让人难以喘息。在吸毒未被他人发现时，你也许还能以“一切都还好”的假象麻痹和欺骗自己，而从走进天堂河强戒所的那一刻起，所有的伪装和欺骗都被赤裸裸地暴露在了阳光下，你从侥幸的边缘坠落了，实实在在地摔在了人生的谷底。我能体会到你心里的痛，但无法确知这痛有多深，你的眼泪告诉我那是你最深的痛。虽然戒毒并不是一件容易的事，我们的身心都将面临考验，可是为了爱着的家人，为了光明的未来，我们为什么不能试试呢？让我们一起努力重新开始新的生活吧！不经历风雨，怎能见彩虹？不经历苦痛，怎能破茧成蝶？新的一年将至，敞开你的心，伸出你的手，迎接新的一切吧！

致 2017 年自己的一封信

大志：

你好！

已经开始适应天堂河循规蹈矩的生活了吧？这里是可以让你养成良好习惯、培养健康心智的地方。值此新年即将来临之际，想和你潜心聊一聊。

在忙乱无序、狼狈不堪中匆匆度过了 2016 年，迎来了从未有过并意想不到的 2017 年新年元旦。辞旧迎新之际，先衷心地向你表示节日的问候，并祝你在意想不到的 2017 年，能够有意想不到的改变与进步！

忆往昔，有过辉煌，有过孤独，有过幸福，也有过痛苦，曾在酸甜苦辣中品味过生活，也在起起落落中感悟过人生，不知不觉中，已进入不惑之年。在繁忙中，你慢慢忽略了对生活的规划与对理想的追求。蓦然回首时，却发现你人生的步履已在蹒跚中开始迷航……

回想 2016 年新年来临的时刻，你没想过 2017 年将会发生什么，如今 2017 年已在意想不到中将你置身其中，要求你静下心来仔细整理一下自己的人生了。

首先，让你曾经纷乱浮躁的心安静下来，翻过不堪回首的 2016

年，然后振作精神，面对 2017 年每一个新的一天。

有空时让自己练练字，这是能让人保持心静的有效途径之一，心静才能保持冷静的头脑，才能有清晰的思路去整理一切。努力完成队长布置的每一项作业，同时严格遵守行为规范，从每一个行为开始，培养良好的行为品质。用认真的态度对待每一天，随时纠正不良的心态和行为。我相信，你一定会变成一个心理及行为都“阳光”的大志。

2017 年刚刚开始之际，虽不敢细想 2018 年的这一天阳光明媚，但欣慰的是，又向前迈出了可喜的一步。

如果你不再沉睡于梦中，醒来时，新的希望一定会向你慢慢靠近，离家的距离也将逐渐缩短，儿子、女儿可爱的面孔将会逐渐清晰，远在新疆的白发母亲也将感到无比宽慰……

为了所有的这一切，你还有何理由不去努力？你还有何理由再去放弃？加油！大志，别辜负所有对你有期待的人，包括你自己！

2017 年，新的一年，开启新的航程！

大志

2017 年 1 月 1 日

岳语箴言

很不错，有目标、有期待、有具体的做法。加油，大志！没有理由不努力，没有理由去放弃，因为有关心、关注我们的亲友。

也许这样的对话对于你来说未曾有过，当静下心来用冷静的目光旁观自己时，或许我们才能看到那个已有伤痕的内心；也就是在这样的时刻，我们才更容易发现那颗已经疲惫而又被透支的心原来多么需要去靠近。过去的孤独、彷徨也好，辉煌、幸福也罢，甚至是狼狈不堪和不知所措的慌乱，它们都曾真真切切地存在于我们的

生命之中，无法改写，更无法拭去。人生的跌宕，让我们或煎熬，或痛楚，或迷失，但我并不赞成去忘却它们，尽管那些苦痛如此沉重，有时会压得我们无法喘息，唯有面对、接受、处理、放下，让生命的痛苦化为治愈自己的动力，生活才会迎来转机。

我读着你的文字，体会到了你的心情，能感受到你对过去的痛心和惋惜，以及对未来的迷茫和困惑。你想振作起来，想从做好每一件事开始让自己平静地适应戒毒生活，期待在未来成为一个阳光的自己，但内心的动力并不强劲，无法坚定地迈开脚步。我能体会到这种无力感，但也很高兴看到在如此糟糕的境遇中尚能用理性约束自己的你，做到这些难能可贵，这也是戒毒中最需要的。

你很想念家人，这种想念既是内心的牵挂，又是难得的滋养和支撑，有了家人的支持，有了戒毒所民警的帮助，戒毒路上你不会孤单。也许心情不会一下就好起来，但只要我们慢慢调整，就会有所改变。新的一年即将到来，新的航程就要开启，我们没有理由去放弃，而应该更加努力！愿你迎来新的更好的自己！祝福你！

岳语回音

“无以言表，唯有努力！——非常感谢岳队长真诚的鼓励！”

岳语初心

指导新入所人员养成良好习惯和进行队列训练是忙碌、紧张的，转眼就到年底。2017 年就要到了，我要求班内成员思考对新一年的期待，并给未来的自己写一封信。上面是大志写给自己的信。

元旦过后，会见日确定了下来，这是强戒人员来队后的第一次会见，是他们在强戒所生活稳定后第一次与家人的沟通。我知道这

必然会唤起他们和亲人间复杂的情感，委屈、担忧、内心的孤独和压抑都会在这个日子里表现出来。这个期盼已久的日子如果不能够确定下来，他们内心就会彷徨，所以我提前和大家进行了沟通：能安排会见的，在会见日确定下来后向家人打出第一个电话，会见后打出第二个电话。这样既能够让家人提前安排时间，又能够知道会见后家人的情况。没有会见条件的强戒人员，有两次打电话的机会，如果有需要，可以随时告诉我。

总结一周　2017年1月7日

忙碌的一周过去了，还好，这一周并没有想象中那般煎熬，因为有队长的支持和理解。

用亲情电话通知家人下周探视是本周的重点，这是我们入所以来的第一次亲情通话。正是因为岳队长细心周到的安排，我们每人都有足够的时间与家人联系。组织拨打亲情电话的第一天，我打过所有家人的电话，但都没有接通，心里焦急万分。岳队长看出了我的不安，安慰我别着急，说肯定事出有因，让我有了一种踏实的安全感。事后得知，果然如岳队长所说，由于我急于与家人取得联系，忘了新疆与北京的时差，而妻子的工作要求比较严格，不能随意接听电话。在队长的妥善安排下，第二天我如愿以偿地与妻子通了电话，电话中得知妈妈已于元旦不远万里乘飞机来到北京，看来在1月9日的会见中能见到妈妈了，这是我从未有过的一种期待。

之后的两天，仍然是在抄写与记背中度过的。中间抽空还写了成长史，比别人大了一二十岁，成长经历自然多一些，所以，写的内容也比别人多。

每天都在书写中度过，备感压力。还好要求背记的所有规范与公约守则终于如愿背完，并顺利通过了队长的抽查检验，每天的学习负担因此减轻了不少，我终于可以松一口气了。真忙，但时间也过得挺快。比起刚来时的自己，算是有了小小的进步，可以说真正迈开了天堂河旅途的第一步。

另外，感谢队里给我展示才艺的机会，还要感谢岳队长给予我的鼓励与帮助。为了“远征”，我一定会不负众望，努力，再努力！

岳语箴言

忙碌并收获着小进步，有期待也有动力，加油！春节临近，大队和戒毒所会组织新春联欢活动，我向大队负责筹备的周队长推荐了你，我知道周队长已经找你聊过节目的事了，这也是给你温习专业技能的机会。要努力，你是一班的代表，请给一大队争光，给我们“远征”团队争光！

岳语初心

为了营造春节期间和谐稳定的戒治环境，大队组织了“向违纪问题说‘不’”的情景剧比赛活动，强戒所也在进行新春联欢会活动的节目征集，各班组以这两项活动为抓手，在紧张的戒治活动中调动强戒人员的积极性。我想到了大志的专业技能，也想到了他重新练习吉他、贝斯的渴求，找来相关乐器，并告诉他有练习和表演的机会，希望他好好珍惜。

一周总结　2017 年 1 月 15 日

这周又是在忙忙碌碌中匆匆度过的，不过我内心是愉悦的。虽然有些压力，但感觉时间还是过得挺快的，重要的是，我竟然找到了许多久违的感觉。

本周前几天依然在赶之前没有完成的作业，撰写个人成长史、吸毒史，抽空练习广播操、队列。忙碌中看到周队长与王队长拿来排练用的乐器时，我有种说不出的激动。虽然乐器很普通且有待调校，但连上线后至少还能响，并没有想象的那么不尽如人意。头一次排练在迫不及待中匆匆开始，我已完全忽略自己已很久没有练习过，以至于一小时的短暂排练后，手指上竟然出现了三个大水泡。这些大水泡直到吃晚饭时才因钻心的疼痛而被我发现，虽然很疼，但我觉得很过瘾。毕竟，自从去年八月份以来，我一直没有摸过琴，更没有用心与琴“对话”。

没有时间熟悉琴的状态，没有时间活动手指，排练便开始了。还好，要排练的歌对于我来说是很容易上手的，完全不用练习，便可信手拈来，这给了吉他手和鼓手很强的信心，毕竟他们只是业余爱好者。排练顺利结束，歌曲的框架结构基本确定。

第二天，班长开完会回班后又给我布置了一项意想不到的任务。大队要求春节前每个班排演一个以“向违纪问题说‘不’”为主题的情景剧，岳队长指名让我编剧构思。接到任务之初，我脑子一片空白。我们不是专业演员，无论肢体语言还是台词功底都无法达到演情景剧的要求，该怎么办呢？这时，一个念头从我脑中一闪而过——以音乐剧的形式。对，音乐是我的专业，何不用我的所长补表演的短板呢？音乐是我生命的一部分，有很多无法用语言表达出来的情绪和想法，我都能用音乐轻松地表达出来。有时空闲下来回想我们一天的生活，有紧张、有轻松、有无奈、有开心、有抵触，回忆各种场景的同时会有一段段音乐在我的脑海中响起。为何不用音乐来讲述我们的生活？为何不让我们全班戒员在音乐中真实地表演？嗯，就这么定了！只要有把箱琴，有把吉他，其他便可水到渠成。不太成熟的构想乍一出现，正好碰到来班询问准备情况的岳队长。我简单地向岳队长说出思路后，立即得到了他的肯定。其实，我有种前所未有的压力，毕竟从来没有编过剧，更没有写过情景剧。不过，我转念一想，这也不是什么大不了的事！心一横，豁出去了，试试吧！

经过仔细构思，加之岳队长组织全班进行了剧情讨论，我很快有了清晰的思路。为了发挥每人的所长，我准备首先用方言大杂烩的形式表明全班戒员来自五湖四海，然后以自编歌词套用流行歌曲曲调唱出新人心态的变化，最后通过合唱《同桌的你》来表现全班互助、互爱、团结、和谐的氛围和积极上进、共同进步的精神风貌。有了灵感，没过多久，情景音乐剧便写完了，我如释重负。

这两天，因为有了悠扬的琴声，我感受到了一种久违的亲近感。以前，无论在国内还是国外，在任何一个陌生的地方与陌生人接触时，只要有把琴，只要有音乐做桥梁，不用过多的语言，不需要刻意的肢体表达，我都能很快与人建立良好的人际关系。可以这样说，只要有音乐，一切尽在不言中。音乐是当之无愧的世界通用语言，能使所有心中有爱的人心心相通。在天堂河也一样，几天来，有陌生的值班员与我用歌声沟通，其他班的老戒员请我帮他记谱编曲。在以音乐为媒介的交流中，人与人之间的隔阂消失得无影无踪。我的内心无限感慨，有音乐的生活真好！

岳语箴言

记住今天我和你谈话的内容，珍惜机会，严格要求自己。

大志，在音乐中，在与别人的歌声交流中，你找回了久违的感觉。音乐再次用旋律浇灌你似已干涸的心灵，把你的心一点点融化，将你与周围的人和身处的环境联结起来，有人愿意倾听你的歌声，你们用音乐对话，你感觉自己不再是一座孤岛。正如你所说，音乐是无国界的语言，人与人之间不一定互相了解，但对音乐所表达的情感会有共鸣。这乐声不但穿过楼道流进每个宿舍，而且流淌在我的心里。我听出这琴声里有你最真的表达，你渴望回到从前，渴望与音乐同在，渴望找回自己，更渴望与更多的人建立友好的关系，走出孤独的内心世界。你想找到一种令自己舒服的状态，而且你正在为此努力：你认真去构思情景剧，认真地与班组的其他戒员商讨剧本，大胆运用方言来丰富表演形式……

听你说排练时遇到了曾经的同行，你们早年相识，却没想到会在这里再次相遇，你的语气里满是遗憾，更多的可能是后悔，你们有相同的经历、同样的境遇，不免心生感触。至于今后何去何从，也许你们可以结伴同行在戒毒的路上，不过，不同的人可能会有不同的选择，我相信你早已有了自己的打算，愿几年之后你们再见面，满心喜悦，充满自信！祝你们排练顺利！

岳语初心

开展各类文体活动，是培养戒毒人员健康生活习惯的有效途径。大志喜爱音乐，从小擅长弹吉他和贝斯，我在大队的各项活动中尽力给他提供展现才能的机会，既满足了他的兴趣爱好，又帮助他用乐器获得了广泛的尊重。生活不断继续，只要有自己的喜好，有自己的原则，有自己的信仰，不急功近利，不浮夸轻薄，大志一定能找回当初的自己。

一周总结 2017年1月22日

紧张、忙碌，当时间被排满时，觉得日子过得真快。这不，又一周过去了。

这周岳队长给我们上了一堂心理辅导课，他教给我们几种脱离困境的方法。他告诉我们，脱离困境的关键在于调整心态和信念。心态不同，信念各异，事态就会有完全不同的发展方向。这是非常实用的方法，如果能合理运用，会让人变得理智、理性，尤其是身处不易理性思考和处理问题的环境中时。

课后，天气晴朗，细心的岳队长带着我们来到大操场，在室内窝了好几天的我们在空旷的操场上疯了一阵，身心得到了彻底的活动和放松。我担心这么在操场上狂奔乱跑，第二天会全身疼痛。没想到，第二天浑身上下竟然一点疼痛感都没有，让我颇感意外，这也许和每天出操、训练有一定关系吧！

今后几天也许会更忙。马上到春节了，为了避免大家在过节期间因松懈而犯一些不该犯的错，大队精心策划了一次打架事件演练，对大家的应对能力进行了一次测试，考验大家在特殊情况下能否自觉遵守纪律。虽然各值班员表现出了一定的应对能力，但是班内大部分戒员没有在事件发生的第一时间按要求去做自己分内的事，只是本能地围观或议论。演习现场事态虽然没有升级，但戒员们整体上的表现不能令人满意。可见尽管节日临近，队领导没有丝毫松懈，心思依旧在大家的安全上，我知道这都是为了让大家能平安地过节，我们有什么理由不努力做好自己分内的事呢？

目前每个班正在排演以“向违纪问题说‘不’”为主题的情景剧，可谓八仙过海，各显神通。大家从不同角度以不同方式对这一主题做了全方位的解读与演绎。虽然演出者都不是专业人员，但他们的参与意识很强，积极性很高。为了让自己的节目得到好评，各班抓住一切能利用的时间进行排练。有些班的节目有歌唱表演的需要，他们都不约而同地想到了我，请我帮助他们用吉他伴奏。我虽然还有好几项作业没完成，但很感激大家给予我的信任，不忍推脱，用心帮忙，自己很是开心。

我们班的情况却有些让人意外。任务布置下来后，队长和大家一起讨论了剧情，由我编剧，但对于后面的如何改、如何演、如何排，没有人像其他班的戒员那样表现出极大的热情，更没有明确地表示支持。这好像是我一个人的任务，与他人无关！甚至当我建议班长动员大家支持这项工作的时候，竟受到了班长的非议。他认为这只是一个小游戏，无关痛痒，无人关注，指责我为了自我表现，想打着集体荣誉的幌子获得大家的支持。我万分诧异，无言以对。难道真的是自己太当真了？可我真的不是出于私心。一番不愉快的争论，让我彻底失去了热情。爱怎么着就怎么着吧！演好又不给我奖励，我图什么呢？

好在多数人还是表达了参与活动的意愿，并提出了中肯的意见，这给了我些许安慰。事情向前发展，却又出现了很多小插曲。几个先前在编剧情时保持沉默的人，在排练时自以为是，要改这改那，甚至在全队大彩排的当天，还提出更换歌曲的建议，而歌曲早就已经排练好，不知是真心为之，还是故意刁难，对此我抱着无所谓的态度，没有了任何激情。我强烈质疑：编剧的时候他们在干吗？排练前讨论的时候他们又在干吗？登台表演在即，他们却成了编剧，“灵感”乍现，到底是善意的建议还是成心捣乱？其他班也会有这样的情况吗？为此，我心生很多烦恼。

比赛如期而至。还好，这个在磕磕绊绊中创作表演的小音乐剧，并没有如班会上个别人所说的那样在台上丢人现眼，相反还博得了掌声，获得了好评，我如释重负。算了，就让这不愉快随风而去吧！调整好心态，迎接将至的春节吧！“每逢佳节倍思亲”，不知道家里人还好吗？

岳语箴言

一个小团队是一个社会的缩影，每个人代表的不只是自己，而是同一类性格的人，他们有自己的过去，有对事物不同的认识，有不一样的交往方式，不管是先前的热情投入，中途的不情不愿、冷嘲热讽，还是最后彩排时的改来改去，这都是生活，也是社会的缩影。在生活中我们总会遇到很多不顺心的事，包括他人的不理解、嘲笑甚至讽刺，一时之间自己会觉得难以接受，难以保持当初的热情。我很理解你当时的心情，换了我也会像你一样，说不定还没有你处理得好。

为班争光，不图私利是你的初心。别人爱怎么样就怎么样，我们不用去改变他们，也改变不了他们，重要的是坚守初心，抗住压力，负重前行，不理睬他人的误解，全身心投入。非常敬佩你的这份初心，也为你在挫折面前的冷静而高兴。回归社会后你不可避免地会遇到各种各样的挫折，包括别人的不信任、非议甚至误解，如果你能坚持初心，冷静处理，理解这些都是必经的考验，你的心里就会少些挫败感，多些坚定的信念。

当然，在我们面对挫折时，情绪上肯定会有波动，这个时候你可以试着用学过的方法来进行调节。如果有需要，我们可以再聊聊。

岳语初心

2017年1月，大队开展了以“向违纪问题说‘不’”为主题的情景剧比赛活动，民警给大志安排了任务，让他担任班内情景剧的导演和编剧。节目准备过程中出现了一些小插曲，大志遭到了其他强戒人员的误解。对此，他主动与民警沟通，在民警的帮助下，调整了心态，稳定了情绪，与班内其他强戒人员一起努力，创作表演的音乐剧在活动中获得了第一名的好成绩。在新春联欢会上，大志演唱的歌曲《真的爱你》得到了一致好评。

大志在活动中展现了出众的才华，但也暴露出了情绪控制和待人处事方面的弱点。他比较容易以自我为中心，忽视他人的感受，情绪稳定性和受挫后的承受力都较差，这些问题造成他与班内其他人员关系的相对紧张，这些情况引起了我的关注。

一周总结　2017 年 1 月 29 日

在特别的地方，过特别的春节，当然就有不一样的心情。节前所有的活动都顺利进行，包括新春联欢会、新春“好声音”选拔，以及情景剧比赛。在情景剧比赛中，我们一班以全队第一的成绩，赢得了队领导送出的新年奖品。在别人的羡慕和赞叹声中，我感到很欣慰。

节前，每日的内务及卫生检查照例进行。从上周开始，我被调出新人班，与全队其他老强戒人员一样，开始参与内务、卫生与纪律的综合评比，新的压力随之而来。大家都在尽最大的努力，希望不被扣分。但事与愿违，连续两天有人被扣分。出人意料的是，在腊月二十九的检查中，我的内务竟有一分的加分，看来平时的努力并没有白费，这也算是节前的一个奖励吧！带着这小小的喜悦，我度过了多年以来唯一一个安静、闲适的春节，收获满满。

春节如期而至，这两天伙食大大改善，大家有机会大饱口福了，期待已久的饺子也如约而来。可笑的是，饺子还没有被端上来，就有人迫不及待地开始舔吸提前分发的醋过嘴瘾了。想想以前过年，满桌的山珍海味，看着无动于衷，而此刻一顿再平常不过的饺子，便让人神魂颠倒！看来，人的欲望原本很容易被满足，只是满足后那种无休止的膨胀让人迷失了方向，而忽略了被满足的幸福感。静下心来想，这真是一种极大的悲哀！

不过，换个角度来说，没有如此特别的春节，哪能如此冷静地思考？哪有如此多的感受？哪能找回这么多曾经忽略的美好与幸福？看来，生活中的美好其实很多，而且很容易被唤醒，这与毒品残留在记忆里的那点感受岂可同日而语？这些感触算是这个春节的一点小小的收获吧！

岳语箴言

一盘饺子，配上米醋，是记忆中春节最美的味道，简简单单的食材便能制作出这样的美食。如果这个春节不是在天堂河，即使吃的是山珍海味，可能也只会如同嚼蜡。能静下心来细细品尝蘸满米醋的饺子，就是一种实实在在的幸福。在我看来，无饺子不成年，吃没蘸醋的饺子是极大的遗憾，你的文字让我再次回味了浓浓的年味，再次感受到了生活中处处都有的小确幸，谢谢你！

节日总结 **2017年2月2日**

今天的新闻重点播报了节后春运的情况，各条高速公路已逐渐出现拥堵。春节假期已过，大家都将重新回到工作岗位，开始新一年的工作与生活，我们的戒期生活也将继续……

年前的忙碌、紧张，为的是能够平安祥和地度过春节，相信我们一大队的每一名戒员都或多或少有些成就感，大家用自身的努力兑现了自己的保证，没有辜负队长对大家的期望。

一个好的氛围有助于形成一个好的风气，在今后的日子里，让我们用更好的精神状态去面对新的每一天吧！

岳语箴言

我一直认为人都是根据自己的生活经历、生活环境而做出特定选择的。我们的生活如此复杂，需要我们拥有接纳的态度和面对的勇气。我们左右不了别人的选择，但能经过慎重考虑做出自己的决定。相信你会慢慢成熟，尽快学会尊重、学会接纳、学会选择吧！

新年展望

2017年2月8日

一年之计在于春。在浓浓的节日氛围里，我们迎来了2017年的立春。在春天里万物复苏，一切都将有新的开始。新的一年，要有新的规划、清晰的目标。新的一年我也有自己的目标。

我庆幸自己已经从毒品留下的梦魇一般的阴影中走出来，跟随着春的脚步，有了新的开始。

呼吸着春天的气息，我要振作精神，摆正心态，更加平和，更加包容，养成良好的生活习惯，建立和谐的人际关系。要认真对待每天的早操及日常的身体机能康复训练，展现良好的精神面貌，认真过好每一天。

生活上，我要按行为规范严格要求自己，在培养良好习惯的同时，为大队和谐氛围的营造尽自己的力量。在节后我积极参与全所组织的各项评比，在搞好个人卫生、内务的同时，完成全队组织的队列汇操训练，为集体争光。

学习上，除了背记“应知应会”的各项基本内容外，还要认真完成队长布置的其他各项学习任务，为日后的评估打下坚实的基础。

另外，我将积极参加各项文艺活动，及时完成队领导交代的各项任务，发挥自己的特长，努力为班集体各项荣誉的获得添砖加瓦。

总之，借着2017年春的脚步，我要以饱满的精神，积极的心态，扬帆起航！

岳语初心

春节已经过去了，班内大多数人都是第一次在这样的环境下度过中国人最重要的节日，必定有不一样的感受，不一样的心情。人在孤独、无助的时候，会突然想起曾经忽略的幸福。幸福是什么？怎样才能幸福？在特殊的时间里，成瘾者的人性会被重新唤醒，已经模糊化的幸福感会变得清晰起来，对此，他们需要集中地进行讨论和分享，并且在一个持续的、较长的时间内来讨论这个话题，通过内省、巩固，触动更深层次的改变。这是戒毒动力保持稳定戒员的共同体验，更是持续影响戒治行为的最重要因素。

课后感想 2017 年 2 月 9 日

昨天，岳队长组织我们三个班的强戒人员上了一堂课。课前岳队长先提了五个问题，要求大家带着对问题的思考去听课。五个问题都围绕“幸福”这个主题展开。下课前，大家观看了两个励志视频，这两个视频引发了我们对歧视与尊重的思考。课堂气氛从最初的热烈转为安静，每个人都陷入了沉思中……

对于什么是幸福，每个人都有着自己的理解。的确，幸福原本是没有客观标准的。每个人对幸福感的认同，都有一个主观的参照标准。这个标准或许很高，也可能非常低。正因为有不同的标准，很多人身在福中却不知福，在幸福之中迷失了自我，以至于偏离了方向，步入迷途。2017 年之前的自己，不正是如此吗？被幸福包围时，从没对幸福做过冷静的、细致的思考，更不知珍惜幸福，仅仅因为事业上的一点小挫折，便沉溺于毒品带给自己的那一点虚无缥缈的快乐，并逐渐迷失在虚无中。

在第一个视频中看到有先天性残疾的尼克胡哲作演讲，我的内心被深深地震撼了，自己先前的那些所谓的幸福感的标准，一瞬间全部被刷新。在迷途中堕落的那段日子里，我曾一度有过自暴自弃的念头，对生活的希望、对理想与事业的追求有过放弃的想法。尼克胡哲用实际行动告诉世人，如何在歧视中不懈努力，对生活充满信心与希望，赢得他人的尊重。视频中让我印象最深的一个场景是：演讲最后，尼克胡哲倒在地上，虽然无臂无腿，他却在一本书的辅助下站了起来，他告诉我们，只要不放弃，希望就存在。生活中谁都会遇到挫折，为什么我一遇到挫折就放弃了呢？

第二个视频是残疾女孩习晴的求职演讲。身残志坚的她告诉大家，自己要的不是同情，而是所有人的认可。她最终用非同寻常的努力获得了认可与尊重。她的精神非常值得我们这些健全者学习。

上了这一堂课后，我深深地告诫自己，在今后的日子里，什么样的困难与挫折都不能成为自己放弃的理由。

岳语箴言

习得性无助的特点就是无计可施后选择放弃和逃避，你曾经的生活中有很多这样的痕迹。理性的思考能让你精准定位，恭喜你找到了幸福的方向，你的灵魂不再麻木。

因为一些原因，你放弃了坚持，更放弃了尊严。往事已去，这一刻的感动唤醒了你的良知，你不再哀叹，你的身心将全面回归，从此你不再孤独！让我们一起前行，享受生活，珍惜生命。

一周总结 **2017 年 2 月 11 日**

今天，晴空万里，阳光明媚。早餐热腾腾的黑芝麻汤圆让我们感受到了元宵节的气息，同时也送走了 2017 年的春节。年味渐渐散去，我们踏着春的脚步开启了新的航程。在团结互助、扬帆起航的口号声中，我们所有人都迈开了坚定的步伐。

这周，全队戒员都在紧张地训练队列会操，我们一班全体人员都荣幸地加入了会操队伍。此时的倒春寒似乎并不亚于“三九天”的寒冷，不过，寒风中的我们并没有因此懈怠，在队列训练中，我们每个人都在尽最大的努力，希望为一大队增光添彩。正是因为这份努力，我们看到了操场上其他大队队员羡慕的目光，也得到了大队长的肯定和表扬。对于下周的会操比赛，我们信心满满，志在必得。

在紧张训练的同时，领导没有忘记丰富大家的节日生活。在元宵节前，强戒所开展了一个猜灯谜活动。每班选三人参加，我被选中。然而从小我就不擅长猜灯谜，遇到灯谜，总习惯于向妈妈求助，而妈妈总能猜得很准。知道自己要参加猜灯谜活动后，我心里很忐忑，生怕自己给班集体抹黑。好在灯谜不难，很快就被我猜对了，得了一个小奖励——一块香皂。我长舒一口气，庆幸自己总算没给一班丢脸。

这周印象最深、最震撼人心的就是前面提过的两段励志演讲视频，视频中的尼克胡哲与习晴用自己充满曲折的成长经历告诉我们这些四肢健全的人何为幸福、如何感知幸福，以及如何在歧视中获得他人的尊重。在感动之余，我切身体会到了“只要不放弃，希望就存在”这句话的深远含义。

这是忙碌而充实的一周。转眼到了正月十五，“十五的月亮十六圆”，但愿明天的月亮会更圆更亮。

岳语箴言

吃汤圆、猜灯谜让天堂河的元宵节节日氛围变得浓烈。猜灯谜活动中你得到了一份小奖品，其实你还得到了一份大奖，知道是什么吗？是你和妈妈一起猜灯谜的美好回忆。小时候，面对猜不出的灯谜，慌张的你总会寻求妈妈的帮助，而妈妈总能在你最需要的时候给出准确的答案。你感受到了母子连心的温暖，感受到了妈妈给你的安全感。是的，无论何时，妈妈都会在身后助你前行，你时刻被母爱包围着。相信妈妈也会回想到这个场景，她心里一定在默默地对你说，她会像帮助儿时的你一样支持你戒毒，希望你找回自己，呼唤你回到她的身边。不管是否走过弯路，你永远都是她深深爱着的孩子。愿你的妈妈也能感受到你在戒毒所里的努力，感受到你的不放弃！

2017年2月15日

昨天上午，岳队长组织我们开了一次班会。在班会上，他带我们玩起了折纸游戏：将一张长方形的纸对折5次后展开，纸被分成了32个小方块。每个小方块代表5年的时间，从0开始，依次在折痕上写下5、10、15、20……160。写完后，岳队长切入主题，让我们在代表现有年龄之前的方块内写上自己记忆最深、影响最大的事。随后，请大家预估自己的寿命，并写在相应的地方。游戏进行到此，似乎已经没有了开始折纸时的轻松，气氛略显沉重。毕竟很少有人会考虑自己的寿命。这时，游戏进入关键环节，岳队长让大家将代表过去的方块撕去，将预期寿命之后的方块也撕去。我拿着手里仅剩的纸条呆住了，此时大多数人手里拿的纸，都只有游戏前的1/3左右。游戏就此结束，我们每个人的沉思却开始了。

面对手里剩下的纸条，我的内心汹涌澎湃。生命中的风风雨雨，几十年的时光，回头一看，却如弹指一挥间，一切恍如昨日。有进步时受前辈、师长夸赞的欣喜，也有追求梦想、艰苦付出的辛酸；而立之年有过壮志未酬的豪情，不惑之年有过未达彼岸的落寞。每每面对那些已经失去的时光，总会感慨岁月的匆匆与生命的短暂，却从未仔细审视当下的自己和所剩的人生，不知不觉沉迷于毒品那短暂而虚无的快乐中，逐渐迷失了人生的方向。庆幸的是，撕去所要求的部分后，还有1/3的纸攥在我们的手里。我们的人生，似乎已经直观地展现在了面前，如同这剩下的纸一样，还有1/3掌握在自己的手里。正视现实应是当下所为。既然无法挽留时光流逝的脚步，何不坦然积极地面对现在呢？

希望总是在不轻言放弃的努力中闪现着它诱人的光芒。此刻失足的自己，在思考剩余生命的意义与价值时，需要的不正是不轻言放弃的勇气与信心吗？对！只要不放弃，希望就存在。鼓足勇气，重新扬帆起航吧！

岳语初心

生命思考的四个问题（人生的展望以及对生活的感悟）：

（1）我的存在对亲人们有什么意义？

答：我的存在对亲人来说是希望与寄托。

（2）我希望后代如何评价自己？

答：我希望孩子认为我是一个一直爱着他的好爸爸，他以我曾经做过的某些事感到骄傲。

（3）我希望给后代留下什么有价值的东西？

答：我希望给后代留下自己对人生及生活的感悟与经验，以及能够帮助他们创造人生价值、增加人生附加值的物品，比如自己曾经使用过的乐器和曾经创作过的音乐作品，曾经收藏过的书籍与艺术品，曾经喜欢过的大师的音乐、影视及绘画作品。

（4）假设生命仅剩最后一年，我最想做的事情是什么？

答：①怀着一颗感恩的心，用最真诚的善举来回报社会，并在力所能及的范围内回报亲人及所有关爱过自己的人。

②用心和家人度过每一天。

③与曾经有过误解的人化解前嫌，坦然相处。

④力所能及地帮助他人。

⑤找一个最佳的方式离开，不给亲人朋友和社会增添不必要的负担与麻烦。

上面是大志对于有关生命的问题的回答，他的思考比较深刻，相信在民警的引导下，通过持续的内观、自省，他的戒毒动机会不断得到巩固，这些心理能量的不断累积，有助于他更好地保持操守。

一周总结　2017年2月19日

时间真是个奇怪的存在，总感觉时长时短。同样是一周的时间，有时觉得转瞬即逝，有时又觉得漫长无聊。这一周是因忙碌而感觉飞逝而过的一周。

周一全所组织开展队列会操，我们一大队没有辜负队长的期望，以整齐划一的队形获得了全所第一的好成绩。记得那天会操结束后，我们正准备下场，刘大队长小跑到我们的会操方队边，冲大家小声而干脆地说了四个字——“非常完美”，短短四字，却充分表达了对我们的肯定，让还未完全放松的我们倍感欣喜。为了获得这份荣誉，每个队员都付出了很多，尤其是我们一班，在会操训练中全班从不缺员。获得这份集体荣誉后，大家忘却了之前的辛苦，满心欢喜。

这周我们有一次意想不到的大调整，根据强戒所分期流转工作要求，一天之内近乎一半的老所员被调到了别的大队，另从新入所大队调来了两个新班。我们一班的全体人员被整体调到了八班。此次被调走的大部分是队中很多活动的参与者和见证者，可以说，是他们带着我们这帮新人为一大队赢得了很多荣誉。这么多老所员被调离，我们充满不舍，但“铁打的营盘流水的兵”，人虽走了，但荣誉还在。我们班已经从“新人班”变成“老人班”，我们必须担负起老所员的那份责任，为所有新调入和之后会调入一大队的新成员树立标杆，为维护一大队的荣誉尽自己的力量。为我们八班加油！

岳语箴言

付出后能获得回报是幸运的，恭喜你们！你的使命感和责任感很强，这难能可贵，我知道这是你母亲用心教育后结的硕果。希望你时刻保持这种意识，并积极发挥引领作用，影响身边的人，其实，这也是自身成长的最有效途径。你的优秀品行有助于你离开毒品，并开创自己的事业。加油！你一定行！

岳语回音

感谢岳队长用心的点评，你在点评中给了我鼓励与肯定、期许与信任。除了感动，我无以言表，唯有低头，努力前行……

一周总结　2017年2月25日

这周可以用团结、紧张、开心来总结。

自一大队重组以来，由于表现不佳，经常挨所领导的批评。好在队长们从不放松，严格按照标准对我们进行训练，全队也鼓足了劲努力集训。周末这天，杜大队长终于带回了所领导对我们一大队表示肯定的消息，这是大家共同努力的结果。我们终于找回了一点自信，想来这应该是团结的力量。

值得一提的是，我们八班因为优异的表现成为全队的优秀典型。由于学习柜上的物品摆放整齐，我们八班被领导予以了口头表扬。队领导为此组织全队进行了集体观摩学习，令人意想不到的是，因铺面平整，刘大队长又授予我们一块他亲笔签名的“一周铺面免检”牌，在毫无准备的情况下，我们意外收获了另一份惊喜。在接连而来的集体荣誉面前，大家对团结似乎又多了一份深刻的理解。

本周的紧张，源自教育考核。得到通知后，大家的内心都忐忑不安，我也不例外，毕竟，考试离我们似乎已经很遥远了。还好，经过充分的准备，我们内心所有的紧张都随着考试题目那“熟悉的面容”而烟消云散……

开心，是本周的基调。周一是亲属探视的时间，所有人都很期待。虽然这周我没有被安排探视，但先前我已经与儿子、女儿通过电话，他们很快就要开学。妻子既要照顾两个孩子，又要工作，忙得不可开交。只要家里一切平安，即使不探视，我心里也很踏实。周一下午的探视时间，岳队长组织我们八班几个没有参加探视活动的人员来到阅览室，允许我们每人使用内部网络上网，做一些自己喜欢的事。自去年 8 月 22 日到天堂河以来，我还是第一次被允许自主使用电脑。有人迫不及待地开始听歌，有人找到了爱玩的游戏。我找到了以前闲暇时常看的探索与发现类视频，看完了美国阿波罗 11 号飞船登月探索的视频。尽管看过数次，那种震撼依然不减，那种敬佩油然而生。

回顾这一周的生活，真是闹中有静，忙中有闲，不亦乐乎！

后续周记 **2017 年 2 月 26 日**

今天晚上，看完新闻后，田大队长就全队的内务卫生做了简短的点评。他对我们八班的整体卫生情况给予了肯定和表扬，并对其他班一些强戒人员在内务上的不认真进行了不点名的批评。在前几天的全所卫生评比中，我们大队获得了第二名，队长要求我们以一周总结的方式将自己的感想记录下来。

面对荣誉，我们内心的喜悦与自豪无以言表。不过，荣誉带给我们每一个人的不仅仅是喜悦与自豪，我想更多的应该是沉甸甸的责任。荣誉的获得肯定了我们的付出，但我们不能就此放松对自己的要求。让那面流动红旗在我们队挂得更久，让这份荣誉保持得更久，是我们一大队全体队员共同努力的目标。为了达到这个目标，我们要有强烈的责任感，时刻严格要求自己，养成良好的习惯。

岳语箴言

每次看完你的文字都会有收获。你的视野、观点都能给我启发，这是良师益友间才会有的共鸣。期待你能多体验集体生活，享受与人相处的快乐，为愿望的实现积累更多的正能量。

一周总结 2017年3月4日

又到周末了，回顾一周以来的生活，突然觉得有点无序，甚至有些混乱，是忙？是乱？似乎都无从说起，总之就是觉得心中有些凌乱，没有头绪，有一种力不从心的无所适从感。

周一，我们在轻松中收获了一份预期的喜悦。通过大家共同的努力，我们获得了全队唯一一块“一周铺面免检”荣誉牌，流动红旗也被挂到了我们班。按理来说，收获荣誉的喜悦与轻松足以让我们度过美好的一周，可事实并非如此，之后迎接我们的是各种意想不到的、无形的压力和不知所措。每天被安排得满满当当，好不容易适应的生活作息被改得面目全非。

田大队长给了我们一份晋级考试题库，要求大家学习，我发现题量很大。据说除了这份题库，考试的内容还包括每天背记的规范、守则、公约等，而考试时间并不确定，所以大家心里都很紧张。等待考试的日子，让人如履薄冰，焦虑心慌。这周队里开展了一项主题为“爱惜粮食，节约口粮”的活动。不可否认，这是一项非常有意义的活动，可活动的准备工作似乎并不充分。每天都有值班员来登记第二天需要节余的馒头数，可节余的结果、活动的时间却不得而知，这种等待与晋级考试的等待夹杂在一起，让人焦躁不已。

周三午睡后，值班员通知我们去大厅集合，我们以为终于要奔赴考场了，可谁知，集合的目的是去上有关禁毒法的课。课堂上，授课的冯队长明确告诉我们有 4 次课，分别在最近几天安排。看来这周是不用进行晋级考试了。大概知道了考试安排，不用漫无目的地等待了，倒也让人踏实。果然，周四上午又安排了全队练操，看来这周真不用考试了。安心上课吧！

原以为计划已被捋顺，没想到变化来得又是如此突然，计划又被打乱。周四午睡后，准备好笔记本等待听课的我们突然又被通知要参加晋级考试！

周五的上午，全队在操场练习队列，既没有进行先前通知的太极拳、广播操考核，又没有继续上前两天的禁毒法课。我很纳闷：这队列练操并非每周五上午例行的常规活动，怎么会这样安排呢？

今天午睡后，队里安排我们在阅览室上网，这是我期待已久的活动。带着惊喜，我来到阅览室，打开电脑，还没有来得及开始在网上“冲浪”，新的任务和安排又下来了：岳队长让我准备一份有关“团结互助、和谐友爱”的演讲稿。晚饭后，我正在考虑该如何写稿，突然想起自己的一周总结还没完成。唉，太乱了！

岳语箴言

本周与你一同经历了“计划赶不上变化”的忙乱，我理解你的无奈。不确定会带来紧张与不安，但是，我们还要感谢这一周的无序，它让你的经历、感受更丰满。生活中我们经常会经历这样忐忑的等待，比如我的孩子今年要参加高考，我每天都在焦虑中度过。其实，过不了多久，回头一看，也许就会发现这些都不是事儿，只会让我们自己更稳重。

岳语回音

非常感谢岳队长在点评中给予的安慰，简短的语言使我的焦虑情绪有了极大的缓解。当长时间生活在一个狭小的空间中时，胸怀会不自觉地变窄，会在无形中产生焦虑情绪，您的一句提醒让我有一种豁然开朗的通透感。的确，每个人都会经历忐忑的等待，会焦虑，正如您所言，等到有一天，回头来看，这些都不值一提。谢谢您。

岳语初心

2017 年 3 月 6 日，我们开展了一次积极体验戒治活动。活动中，我和大志进行了沟通，他对自己有比较客观的认知，列出了自己的主要优点与缺点。

五个优点：

1. 心地善良，尊老爱幼，富有同情心。

2. 性格随和、沉稳，能够与人和谐相处，待人诚恳，能给人以安全感。

3. 乐于助人，朋友有难时愿意在力所能及的范围内施以援手。

4. 精神生活充实，具有包容性，能够充分尊重他人。

5. 积极面对生活，对自我追求有坚定的信念，责任心强，有目标。

五个缺点：

1. 比较固执。

2. 比较自我、随性。

3. 易受他人影响，产生消极情绪。

4. 自由散漫。

5. 脾气急躁，容易失去判断力。

大志对自我的认知与我对他的印象基本一致。我们一起捋清了问题，确定了改进的方向。

活动后，我们一起对积极体验系列的戒治活动进行了回顾，大志看到了自己的变化：①接纳水平提高。一方面表现在对现实的接纳上，如他对限制自由的两年强制隔离戒毒期从不认同到接纳，具体表现为牢骚抱怨少了，生活自律了；另一方面表现在对自我的接纳上，从麻木不仁到愿意积极地改变自己。②改变了自卑和逃避的心理状态，对自己的生活产生了期待。③有了戒毒的意愿和具体的戒毒行为。

一周总结 2017年3月12日

今天是周日，时间过得真快。

正如岳队长所言，生活中总会有很多忐忑的等待让人焦虑，等回头看时，这些都已经不是事儿了。上周所有的烦乱和焦虑，到现在都已经烟消云散。

这周大部分时间都在准备周五的演讲。刚接到演讲任务的时候，想当然地以为可以脱稿发表自己的感想，心里没有太多压力。可基本确定思路和框架后，才发现演讲具体内容的填充远非想象的那么简单。起笔相对比较顺利，毕竟心有感慨，甚至有些激情四溢，但写到后面的时候，思路总被各种事情打断，反反复复，直到周五，初稿才算完成。而这时，脱稿上台的自信早已荡然无存。还好，终究认真准备过，演讲顺利过关。

本周的好消息是我们大队“和谐友爱365天”的第一期目标顺利实现。大家为此如愿以偿地吃到了所里奖励的一顿“大餐”。另外，在红牌晋级黄牌的广播操与太极拳考核中，我们也顺利过关，终于可以定购食品、采买了。

这么多好消息接踵而来，真是可喜可贺，我们在戒毒的道路上大踏步前行！加油！

岳语箴言

一个小目标达到了，应该再给自己定一个小目标，目标实现的过程就是收获的过程。在此期间，会留下遗憾，但这是继续努力的动力，加油！用小目标让自己的生活充实起来吧！

岳语初心

2016 年 3 月，一大队以最后一起严重违纪事件（打架）发生的时间为起点，设立了一块“和谐友爱计时牌”。在一大队全体民警与强戒人员的共同努力下，至今，计时牌上显示的时间已近 800 天。

一周总结 2017年3月19日

又是一个周日，相对于前几周，这周少了一些紧张与压力，但每天仍然很充实，忙中有序。

本周可以会见家属，打电话是其中的一个环节。晋升为黄牌后，我多了一次打电话的机会，心里很高兴。电话沟通十分顺利，既和妈妈通了话，又联系上了二姐，她们一切安好。只是当听说儿子和女儿很想念我时，内心有一种疼的感觉。

这周终于等到了期待已久的食品采买，不用闻着其他班飘来的美食香味吞口水了。不过，大家沉浸在美味中的时候忽视了卫生方面的细节，导致出现了状况。晚点名时，得知其他班有因柜子里的物品摆放太乱而被扣分的情况，还好，我们班幸运地“躲过一劫”。不过，我心里很清楚，运气不会时时“光临”，如果不注意，迟早会原形毕露的。果然不出我的预料，周六午睡后，我们正集中在大厅轻松地看电视剧，田大队长出其不意，来了个“突袭”，突击检查各班的内务卫生，结果从各班的学习柜中搜出了食品等不该出现之物。田大队长“突袭”后，有领导临时来检查，结果又发现了一些“漏网之鱼”。在这次检查中，我们八班未能幸免，小鑫因一包放在学习柜里的榨菜被扣了分。这给我们提了一个醒，任何时候都不能放松对细节的要求。

看来，相对于每天混乱无序地生活，且惴惴不安、生怕被发现，不如保持良好的生活习惯，这是应对各种检查的最好办法。

岳语初心

班内的强戒人员都是冰毒的吸食者，长期吸食毒品后，以自我为中心，冲动、易激惹、喜猜忌成为他们比较显著的人格特征。生活环境相对平和时，各自相安无事，一旦出现波动，戒员间很容易发生矛盾。入队的蜜月期过后，受散漫、随性等原有性格特点的影响，戒员间不和谐的“音符”开始跳动。为此，我主动采取了一些有针对性的措施，把积极心理学戒治活动放在戒治初期开展，期待通过心理能量的转化和有效的觉察体验来冲抵戒员产生的消极性行为。

这段时间进行的是积极体验学习活动，其中有一个主题是“如何做一个受欢迎的人”的讨论。讨论中我得知大志在班里有一个绰号叫“百度”。确实，他是一个好学、知识面较广的人，“上知天文，下知地理”的他总是显得与众不同，而他似乎又缺乏察言观色的能力。称他为“百度”的人明显带有嘲笑的意味，这与先前的情景剧排演过程中众人对大志表现的反应一致。在积极体验学习活动中我直白地说出了自己的看法，听完后，他稍显沉默，我忽然担心他是否会因此受伤害。

一周总结 2017年3月25日

“春雨贵如油”，连续几天的春雨，让整个大地都焕发出了盎然的生机。不过，雨水的到来也降低了气温。生活似乎没有了往常的匆忙，让人觉得日子有些漫长。

周一的会见，原本以为家人不会来，可出乎意料的是，妻子一大早从北五环望京大老远赶了过来。为了10分钟的见面，她来回花了四个小时，真是辛苦她了！我心里只有内疚和惭愧！

在上周的卫生检查中，我们班被扣了很多分，有人甚至因为扣分而被要求去大厅参加学习。我们这个大多数队长眼中的“优秀班组”，这次的排名几乎垫底，让人大跌眼镜。可具有戏剧性的是，在全所卫生大评比中，我们一大队的排名从上月的第二名上升为第一名了。排名上强烈的反差，大大出乎我们的意料，也让我们很惭愧，我们可不能拖全队的“后腿”啊！

周二，在操场练操时，杜大队长告诉我，岳队长力荐我调到九大队。他说，只要有岗位，会优先考虑八班的戒员。

上周，杜大队长曾来我班挑选护岗人员。因为对保护好一个精神异常、具有极强的自残行为倾向的病人没有心理准备，我有所顾虑。杜大队长似乎看出了我的心思，说：“这个工作不适合你，等有了合适的再说。”没想到平时看起来大大咧咧的杜大队长有如此细心的一面。周二得知他会优先推荐我去九大队，我心存感激。因为可能会调离，我突然对一大队产生了一种不舍，在一大队生活的点点滴滴犹如放电影般一幕幕闪现在我的眼前。既期待调离，又有些不舍，左右为难，这个过程显得有点漫长。

周五，听说九大队队长来我队与被推荐人谈话，我们班推荐了我和另一位强戒人员，不过九大队队长只与他谈了话，看来此次调离与我无缘了，我有些失落。

岳语箴言

看来你的压力不小啊！整理一下患得患失的心情吧！不进则退，春的气息已滚滚而来，在一派欣欣向荣中，大踏步向前吧！上周班里讨论的内容希望没有让你受到伤害，有则改之，无则加勉。

岳语回音

谢谢您的关心，上周班会上讨论的内容没有让我受到伤害，或许是因为我思想开小差了，没注意到，真惭愧。

一周总结 2017 年 4 月 2 日

这周是在等待与忙乱中度过的。不确定的等待容易让人患得患失，情绪随之起伏不定，心情也时好时坏。

周二，岳队长带领我们在户外进行了有氧运动，感受了春的气息。自去年进拘留所以来，一直没有这么近距离地接触大自然。看着茁壮生长的新芽、青翠欲滴的绿叶以及翩翩起舞的蝴蝶，我真切地感受到了春天带来的生机和万物苏醒后自由生长的欣喜。不过，与外界有一墙之隔的我们，只能在这规定的时间里，闻闻春天带给大地的泥土的芬芳，感受来去自由的春风带给我们的短暂欢乐。

周三，我们迎来了一次人员的调动，之前被推荐去九大队的强戒人员，大部分都如期等到了大队的正式通知。能去九大队的，都是优秀的强戒人员，他们即将开启新的征程，我真替他们高兴。不过，羡慕之中我有些淡淡的失落。

终于到了周末，这是四月的第一个周末，却发生了两件完全意想不到的事，考验我的承受力。昨天晚饭后，我突然得知大队分配给自己一个夜间看护的值班岗。虽然这个岗位的工作有些辛苦，需要熬夜，但它说明了大队领导对我的信任，我不想辜负大队领导对我的期望，欣然接受。值了一晚上班，今天中午，还在补觉的我突然被叫醒了，睡眼蒙眬中被要求填一份 30 分的扣分单，原因是上次的禁毒法考核没有及格。这简直是一个晴天霹雳！我的脑中一片空白，怎么也想不明白为什么会考得这么差，记得考题并不难啊！算了，不多想了，还是做好重新考试的准备吧！

岳语箴言

你情绪的起伏真的有些大！静下心来，想想事情的来龙去脉和前因后果，多一些对自己的觉察、对环境的觉察吧！

你能如此细细地感受春天，也算没有白来天堂河了。春天的气息让你的内心变得柔软细腻，看来带你们去“寻春”真是一个不错的主意。然而沉醉在春天里的心情意外起了“涟漪”，有些猝不及防，有些出乎意料，还让你有些混乱，我想那是一种内心不踏实、不安定的感受。这个时候你可以试着静下心来，觉察一下自己和环境，思考有些念头的来处。用用我教给你的正念方法吧，也许你会有一些意外的收获。

岳语初心

九大队是我所唯一一个集中处于巩固提高期的强戒人员的大队，要成为九大队的成员，须有强烈的戒毒意愿和行为，且前期的戒治达到一定的效果，还须通过面试等环节的考核。九大队有更多的习艺劳动和戒治训练资源。能进入九大队，是进步的体现，是被认可的标志。但是，进入九大队，并不意味着可以一劳永逸，还会有定期考核，如果考核不通过，会被要求退出九大队。这是我们为改善戒治效果而进行的一种尝试。

总结节日 **2017 年 4 月 4 日**

清明节，是比较特殊的一个节日，活着的人在这个节日寄托对逝者的哀思。就我而言，2017 年的这个清明节更为特殊，更与往年不同。

四月，是春花烂漫的季节，不过，清明节的到来，不免给花季带来淡淡的哀伤。“清明时节雨纷纷”，虽然今年的清明节没有下雨，但天阴沉沉的，无形中给人增添了忧愁和哀思。我想起了逝去的父亲，今年无法给他老人家扫墓了，无尽的自责与悔恨涌上心头。在夜间看护岗位值了两三天的夜班，白天总有些昏昏沉沉，似在半梦半醒中，脑海里总会闪现一些过往的人和事，有同学，有战友，有同事。世事无常，谁能想到此刻的我因毒品失去了自由，只能在天堂河默默寄托哀思。

清明节假期原本与我们无关，但所领导专门为我们改善了伙食，饱餐后的我们少了些伤感，阵阵暖意洋溢在心间。另外，大队还在这特殊的节日组织了一场春季畅想歌会。各班都推举出两名强戒人员，为大家献唱。在轻松热烈的氛围里，我们的哀思被冲淡了很多，压抑的情绪得以舒缓。

我怀着一种特殊的心情在一个不一样的环境里过了一个别样的清明节。

岳语初心

节日习俗与仪式感能有效唤醒人们的记忆和情感。在生活艰难的时刻或失去自由的场所，这种记忆和情感会变得更加深刻。吸毒人员曾经忽略的记忆、情感在特殊的环境里被唤醒后需要合理地引导和释放，所以节日教育是我们一直坚持的基本教育形式。

强戒人员在戒治生活中往往表现出过多地关注自我、忽略他人感受的状态，这种生活状态不调整，极易出现各种矛盾，既不利于情绪的稳定，也不利于有效开展各种戒治活动。我特意在这个节日里开展了一项以“觉察”为主题的戒治体验活动，为即将进行的正念减压戒治做一些铺垫。

感班想会 **2017年4月7日**

今天，岳队长组织我们开了一次以“觉察”为主题的班会。在轻松活跃的氛围中，我们对自己的现在和过去进行了梳理。运用“信息采集卡”，我们对亲人做了一次深刻的感知与觉察。通过“情绪梳理卡”，我们对自己的情绪进行了一次很好的梳理。整个班会的各个环节看似毫无关联，其实环环相扣。在这次班会中，我们每个人都做了一次深刻的自我觉察。让我感受颇深。

班会开始后，队长让我们照自己的手形在纸上画出手印，之后在手印的手指和手掌上写出自己的属相和在娱乐、饮食等方面的喜好，然后大家相互交换手印纸，找出有相同喜好的人，相互交流。在这个过程中，大家相互沟通，在自我觉察中认识到了个性与共性之间的关系，并学会了理解、尊重他人。

之后，队长让大家静下心来想象一棵树和树上果实的样子，并按照自己的想象在纸上画出来。画完后，要求大家把曾经引以为豪的成功事例写在“果实”上。做完这些后，我发现二十多年前的自己曾经那么有理想、有抱负。二十岁那年，自己在部队被磨炼成一名优秀的士兵，曾被某军区政治部授予荣誉证书。回想起当初的情形，即使到现在，我都无法按捺住那份喜悦与自豪。之后多年，我执着于梦想的实现，努力拼搏，取得了辉煌的成绩。所有的瞬间，此刻都历历在目。现在的我只有一个念头，努力，努力，再努力。

用“信息采集卡”梳理父母的信息时，我满心都是愧疚。平时总是以工作忙为由，疏于与父母沟通和交流，如今父亲已逝，留下了永远的遗憾。对于“信息采集卡”中的许多栏目，我已无从下笔去填写，内心无限感慨。如今我已为人父，自己的所作所为将会给孩子留下什么样的影响呢？在剩余强戒期的生活中，我必须仔细思考这样的问题，承担起应尽的责任了。失去的已成为永远的遗憾，绝不能让拥有的再成为遗憾。

班会最后，岳队长让我们拿出之前填写的自我情绪梳理卡，回看自己记录的连续四周的情绪梳理信息，我发现对待同一种事物，在心情很好和很糟糕两种情况下，态度是截然不同的，而且自己的心情容易被环境所左右。岳队长曾经在班会上强调过：情绪本身无所谓好与坏，在不受到重复激发的条件下，情绪是可以随时间的流逝而淡化的。于是，我在情绪梳理卡的最后一项“分享一个控制愤怒的方法”中填写了自己的感受：理性思考情绪变化的原因，让理性战胜冲动。此感受得益于自身的情绪梳理及对他人的仔细觉察。

通过岳队长的“觉察”体验戒治课的学习，无论是对自身的觉察还是对家人、他人的觉察，以及对情绪的觉察，我都有了深刻的体验和感悟，最重要的是我的情绪觉察能力得到了提高。无论何种情绪，都无所谓好与坏，最重要的是及时去觉察、管理和控制。在今后的戒治生活中，真得好好运用“觉察”这个工具，去细致地感悟生活，管控好各种情绪了。

岳语初心

大志有了可喜的变化，他在有意识地管控自己的言行。我告诉他这是一个很好的变化，但中间可能会有反复，当对人、对事、对物有极端的体验时，一定要让自己慢下来，以减轻阵痛，接下来的正念减压训练能帮助他找到控制自己情绪的方法。他积极地参与了体验。

下面是他完成的作业（连续两周回答下面三个问题）：

①父母为我做了什么？

第一周的回答：

我结婚成家后在远离父母的城市——北京生活，父母考虑到我们异地生活的不容易，放弃本该属于他们的离退休后安逸的生活，千里迢迢来到北京帮助我照顾孩子，直到孩子上学以后，由于身体原因才回去。

第二周的回答：

因为我的工作性质加之远离家人在异地生活，父母考虑到我的生活压力从没奢望我能从经济上回报他们，反而时时给我一些钱补贴家用，若是推辞，他们便以是爷爷奶奶给孙子孙女零用钱为由打消我的顾虑，几乎每次回家都是如此，平时也会以各种理由汇钱帮助我。即便是我平时孝敬给他们的钱他们也会存起来，以别的方式重新给我。

②我为父母做了什么？

第一周的回答：

我想不出自己为父母做了什么。

第二周的回答：

对于父母来说，我工作顺利、家庭和睦、平平安安就是他们最大的心愿了。父母平时总是无条件地帮助我，而我为他们做的少之又少。记得父亲生病前的某年春节，我曾带二老去海南，这是他们第一次“在夏天过年”。与其说这是为父母做的小事，不如说理所应当更合适。

③我给父母带来了哪些困扰？

第一周的回答：

自从家人知道我吸毒后，他们承受的痛苦和压力是可想而知的。他们无法想象我是如何从成功人士沦为一名瘾君子的，为此一定痛苦万分。来自世俗的压力一定让他们在别人面前抬不起头，给他们的生活带来巨大的不良影响。我的吸毒行为从各个方面都给家人带来了困扰。

第二周的回答：

自从我走上吸毒的道路，父母对我的希望全部破碎，心理上承受的痛苦无以言表。

新流转的强戒人员来队已经100天了。这一阶段，民警们科学引导，运用一定的心理疏导技术，帮助他们从不相信、不接纳、抱怨中走出来，学会去思考、接受、面对。规律的生活作息、积极的身心干预，让他们的理性思维逐渐得到了恢复。

家庭是戒毒成功的重要基础。民警在与大志的谈话中，引导他认识到无论在事业起步的艰难期，还是在梦想成真的辉煌时刻，抑或是在漫长的戒毒治疗期，家人都不离不弃、默默付出，与他一路同行。

大志的父母曾倾其所有，帮助他渡过经济上的难关。大志"北漂"初期，他的父母毅然放弃退休后的安逸生活，不远万里来到北京，把他的两个孩子一直带到上学。他们所做的一切，似乎全在不经意间，却又恩重如山。每每想到这里，大志心中便愧疚不已。

在强戒所的第一次会见中，大志八十岁高龄的母亲拖着行动不便的身体，千里迢迢从乌鲁木齐赶来看他。母亲说的第一句话他至今记忆犹新："在此之前我有无数个夜晚都因你而失眠，看到你在这里很好，我就放心了，你要记得是国家挽救了你！"看着母亲离开时步履蹒跚的背影，大志的泪水夺眶而出，他感叹道："母亲真的老了，从她的眼神中我能看出她还有很多话想对我说。自我反省后，我终于明白应该怎样对待自己的孩子，如何改变孩子对自己的看法。这是父母教给我的，我感谢他们。"

我曾问大志："你觉得强戒所内的戒治活动和你对戒毒问题的态度有什么关系？"他是这样回答的："我决定戒毒的关键是想到了这些年自己对家人的伤害，想到了自己对家人的重要性。所内的戒治活动有没有效果，取决于每个人对戒治活动的态度。我认为戒毒必须要有强烈的动机，有了戒毒的动机，才需要戒治活动，这种情况下戒治活动才会有作用。我很幸运，遇到了包括岳队长在内的很多人，他们真心地帮助我，以耐心细致、真诚友善的工作态度，让我重新拾起生活的信心。科学合理的戒治活动、畅通有效的沟通平台，打开了我的思想禁锢，让我坦诚地面对过去，完成了自我的救赎。"

总结一周 **2017 年 4 月 9 日**

在队领导的帮助下，我从一名戒毒新人，逐渐成长为一名值班员，这是进步的体现。对于领导们给予的信任，我暗下决心，一定不能辜负，一定要努力做好本职工作。

可是我总感觉周围有一些不和谐的声音，有恶意的挤兑、无中生有的诬陷、莫名的冷嘲热讽，让我无可奈何。人心怎么如此狭窄？对于别人的进步，不是友好地给予掌声与鼓励，而是用恶语去嘲讽与打压，这是一种什么心态呢？也许这就是损人不利己的小人心态吧！唉，还是调整好心态，“走自己的路，让别人说去”吧！我不能辜负自己，更不能辜负信任我的人。

岳语箴言

遇到别人的不理解和嘲讽，确实会让人心情不太愉悦。在人与人的交往中，无法得到理解和认同，这不仅仅是你会遇到的问题，也是所有人都会遇到的烦恼。这个时候，不用管别人怎么说，坚持自己才是最重要的，你说呢？相信你会坚定信心，勇往直前！

感想活动 2017年4月15日

今天班会的内容与以往不同。以往的班会，只要提及毒品，无论从何种角度讨论的主要内容都是对人、对社会的各种危害。今天，岳队长却让大家讨论毒品的“好处”，还要求大家畅所欲言。

对于一个不了解毒品的人来说，这似乎有些不可理解。都说毒品“有百害而无一利”，毒品的“好处”从何谈起呢？

然而，对于我们这些吸毒的人来说，从最初的尝试到后来的成瘾，都是因为尝到了毒品的“甜头”，尽管这种认知是非理性的。常人一般关注的是吸毒害人害己的结果，很少有人关注吸毒者为什么会走上吸毒这条路。岳队长今天让我们直面吸毒的“好处”，讨论这个根源性的问题，在我看来，其实非常符合辩证法的原理——凡事都具有两面性，毒品也不例外。在岳队长的引导下，大家用图表将毒品的“好处”与坏处分别在长期和短期内进行了分类和比较。从短期来看，毒品的“好处”与坏处似乎旗鼓相当，但从长期来看，毒品的“好处”与坏处的差距就很明显了，根本不需要用太多的道理、冗长的言语来说明。对毒品认知的非理性瞬间被理性所取代，一切尽在不言中。

班会最后，岳队长请大家设想戒毒后可能出现的最糟糕的事。仔细想想，如果真的戒了毒，还有什么会比吸毒更糟糕呢？如果说有，那应该是重新走进社会后诚信的再建问题。如果不能获得他人对自己的信任和尊重，今后生活的艰难程度可想而知。我想，这是我们每个立志戒毒的强戒人员要认真、仔细思考的问题。

岳语初心

开展各项戒治活动，我希望达到这样的效果：利用熟悉的事物制造冲突，让强戒人员聚焦矛盾，思考利弊，进而做出正确的选择。通过参与戒治活动，他们戒毒的动力更加强劲，明白戒毒不仅是为了家人、为了亲朋好友，更是为了自己的健康、自己的尊严，为自己人生价值的实现。

大志做出了自己的正确选择，后面我们还需要不断地给他鼓励，帮助他培养应对高危环境的能力，提高控制各种情绪的能力，用健康、有益、快乐的活动代替吸食毒品所带来的虚幻、有害、短暂的快感。

一周总结

2017 年 4 月 15 日

这周有太多预料之外的事发生，包括调去双河强戒所①人员的确定，入所以来我第一次与人发生争吵并被队长点名批评，这些事来得太突然，让人始料未及。

前两天，我与人发生了口角，被值班人员及时制止。现在回想起来，这应该是某些人预谋已久的。入所几个月来，我刻意避免与他人因观点不同而起争执，也从未与他人发生口角。可是，自从我被同意在看护岗位值班后，某人就开始恶意针对我，这是我完全没有想到的。来所之前，曾有人提醒我，吸毒者居心险恶，强戒所处处是“陷阱”。我并不相信这样的话，尽量多做少说，却还是没能逃脱被他人恶意攻击。该怎么办呢？反抗，还是忍耐？反抗能让自己出一口气，但也会激化矛盾，而且队长会因此失去对我的信任；忍耐可能大事化小，也可能让人得寸进尺。自己能控制这样的局面吗？我不知道。算了，还是别辜负了队长的信任与期待吧！别的都顾不了了！

岳语箴言

你每次的总结我都很期待，因为你的文字记录了你的真情实感、

---

① 双河强戒所：北京市监狱（戒毒）管理局属单位，位于黑龙江省齐齐哈尔市。

你的所思所想，让我受益匪浅。

关心自己的去向和安排是人之常情，预想与事实有差距也很正常。虽然人员调动工作已有序完成，但也留给我们一些思考：面对不确定的事情，没有根据的猜测不起作用，做好两手准备倒是一个好的办法，不管去留，坦然面对就好。

生活中总会有些不顺心的事，有些看不惯的人，在我们这样的环境中，与他人发生口角并不少见。这是没能控制好情绪的体现，未必是坏事，至少暴露了自己与他人相处的一些问题。你的谨言慎行，你所付出的努力，大家都看得见，会慢慢认可你。一时没有控制好情绪可以理解，正好，我们在进行情绪调整的训练，试试用所学的方法调整自己的情绪，做自己情绪的主人吧！你一定会有收获的。

一周总结　2017年4月22日

我这周的情绪用起伏不定来形容最为恰当。前几天连续发生的几件事让我的心情很糟糕，情绪十分低落。于是，我翻开两个月前记的学习笔记，复习其中有关情绪调整的内容，希望自己尽快从情绪的“阴影”中走出来。笔记中提到，情绪本身无所谓好与坏。我不由得思考：既然情绪本身无所谓好坏，那么是什么让我的心情时好时坏呢？情绪的起伏与心情的好坏之间有什么样的联系？我该如何控制自己的情绪？

幸好，在情绪低落的时候，同班强戒人员会好心劝慰我。周围的人们对我在被故意挑衅时所保持的克制表示了认可与赞赏，我感到欣慰。值得一提的是，岳队长在我情绪低落的时候及时对我进行了疏导，他甚至在夜班巡查的间隙，抽空来夜间看护值班岗对我进行开导，告诉我调整情绪的方法。如此细心周到，我感动不已。单凭队长的这份苦心，我还有什么理由去过多计较别人的“挑衅”，揣摩别人的用意？与其这样，不如学学怎么控制好自己的情绪。

由于连续值了几天夜班，我白天总是昏昏欲睡。周三中午刚睡醒，就听说一直和我在一起的戒友吉祥被转走了。听着别人的猜测与议论，我觉得事情可能对他有些不利，不禁想起几天前他曾突然问起我的妈妈从新疆过来看我的事，他当时一定是想起自己的姥姥了。但愿他不会有什么事，只是配合调查而已。他这突然一走，我觉得心里空落落的，不知什么时候能再见。但愿吉祥一切都好！

这周组织的公开课，我原本是没有报名去听的，岳队长让我一同前去，他说听了会有收获。那天给我们上课的是北京大学第六医院的院长——一位从事精神卫生研究已三十多年的专家。课题是“如何应对情绪的波动”，他对如何调节与控制情绪做了生动的阐述。他说，当人因处在自己无法改变的环境中而产生不良情绪时，对不良情绪应该采取悦纳的态度。他用例子详述了悦纳的定义、悦纳的方法等。课程结束前，他给大家推荐了一本书——《慢慢来，一切都来得及》，并分享了自己的读后感。这堂课让人受益匪浅，真如岳队长所说的，我有意外的收获。

一周以来，我产生过一些负面情绪，上了这堂课后，我问自己：有什么过不去的呢？让过去的都过去吧！一切重新开始，慢慢来，一切都来得及。

岳语箴言

人的思维有时会被烦乱的心情捆住，陷在一种思维模式里跳不出来，犹如在一个既闷又黑、伸手不见五指的小屋里，难免会心生恐惧与绝望。这个时候，如果打开一扇窗，让一丝风吹进来，让一束光照进来，也许心情就会开朗起来。正如院长所言，人要学会悦纳自己的情绪，然后试着舒缓自己的情绪。当情绪低落时，与其天天纠结于心烦的事，不如暂时打住，去做一些别的事，比如去听听课，这样就有了让风和光进来的机会。转机或许就在一念之间，之后，你对烦心事有了新的看法、新的认识，有了不同的心境。我想成长便是由这样点点滴滴的领悟组成的吧！

再次考验你的时候到了，今天早上听说你在岗位上打瞌睡，这

已经是第二次了。大队领导打算找同班的人接替你的岗位，这会对你产生打击吗？你会有失落、抱怨的情绪吗？体验一下这个过程吧！

岳语初心

大志一直被不良情绪困扰，我的帮助和相关的一些情绪体验等戒治活动都不足以使他有足够的力量解决自身的问题。我一直在寻找资源，正好教育科在这次帮教活动中请来了专业人士，我毫不犹豫地把大志拉到了会场。在权威专家的专业指导下，他果然有收获。不过还没等我踏实下来，对大志的考验接踵而来。幸好大志及时应用了调节和控制情绪的方法，以积极乐观的态度摆脱了困扰。为他的成长喝彩！

总结一周 2017 年 4 月 30 日

这个月的最后一周，我有一种如释重负的轻松，睡梦似乎都变得有些香甜。

月初，我被队长告知得到一个看护值班岗位，不过，这份被领导信任的喜悦还不到三天便被白天的昏昏欲睡感冲淡。紧接着，由于在毫无防备的情况下被个别人蓄意“挑衅”，我的情绪跌落到了冰点，并瞬间失控，与人发生了口角。冷静下来后，我认真进行了反思，告诫自己，要保持冷静的头脑，及时调整和控制自己的情绪，不能任由不良情绪肆意发展，进而坠入易激惹的“黑洞”，越陷越深，无法自拔。幸好，队长对我进行了耐心的开导，同班人员也及时劝慰我，让情绪陷入低谷的我逐渐恢复了平静。

月底，我因为值班时打盹违反岗位职责规定而失去值班的资格。事情发生后，我很担心领导因此对自己失去信任。令人感动的是，岳队长为此与我进行了推心置腹的谈话。杜大队长也很关心我，他语重心长地劝导我：“进行岗位调整，在让你看到自身问题的同时，其实某种程度上是对你的一种保护，希望你正确对待这件事。”我的担忧不复存在，满满的都是感动。

现在，一切都过去了，我伸了个懒腰，长舒了一口气，仿佛之前所有的喧嚣都已远去，重新恢复了原本的平静。

岳语箴言

你“伸了个懒腰，长舒了一口气，仿佛之前所有的喧嚣都已远去，重新恢复了原本的平静”，一伸一舒间，你散落的心绪似乎重新归拢在了一起，从半空中回到了地面上，稳稳的、实实的。长舒的这口气里，有委屈，有抱怨，有疲惫，它们随风而去后，你烦乱急促的气息逐渐平缓了下来。

你说自己如释重负，我确实感觉你浮躁的心沉静了下来。我们会在情绪的调整与控制中遇到更好的自己，这种提升和收获会让你的内心更加坚定，前行的步伐更稳健。希望你能静下心来，回顾自己的心路历程，好好总结，在得失之间体会自己的成长。

一周总结 2017 年 5 月 6 日

五月的第一周，迎来了一场意想不到的大风，温度因此骤降，大风裹着寒意带来漫天黄沙，让人心生淡淡的哀愁。也许，是因为我想儿子和女儿了。

“五一”虽然没有假期，我们同样感受到了节日的浓浓气息。除了伙食的改善，队里还组织我们进行了“八段锦”比赛和主题为“热爱劳动促戒治”的演讲比赛。我们八班在“八段锦”比赛中获得了第一名的好成绩，这是我们过节的一个小高潮。

风沙过后，春光明媚，天开始放晴。周末，岳队长带我们到户外感受了所剩不多的春光。康体活动后，我们来到处于强戒所中间位置的池塘边。池塘中间有一个小岛，有一座小桥与岸边相连，岳队长允许我们跨过小桥，在小岛上观赏周围的景色。以前我们只是远观而从未靠近这个小岛。微波荡漾，鸭子在水上自由戏水，小鱼在水中游来游去。微风吹拂，能闻到树叶和青草散发的淡淡清香，还有泥土特有的气息，虽然一切都是淡淡的，却能让人留下深刻的记忆，因为那里有浓浓的自由气息，我的心情轻松惬意。我想，这是用正念察觉周围事物的结果吧！

岳语箴言

我希望池心的小岛成为“远征”团队成员心中最纯洁的“世外桃源”，这里阳光明媚，春风微拂，鸟语花香，是困境中的自由之地。而我们时常环视四周，只把目光投向外面的世界，以致忘记了这里的美好。当接近这座小岛的时候，才发现原来“风景这边独好”，它是如此自然纯净，如此本真美好。

连接水岸与小岛的小桥便是我们的觉知，如果把正念觉知加入生活，我们便会有更多不同的体验，更能发现生活中的小确幸，更能找回曾经视而不见的美好。要知道我们曾有那么多的美好时光，却沉迷于毒品的虚幻世界，生命被如此浪费是何等可惜。庆幸你在慢慢体味现实的生活，找回了生命真实存在的感受，如果你能真正爱上自己、爱上生命、爱上生活，我想戒毒便不再需要什么额外的理由了。

我和你一样，也很喜欢天堂河的春天，喜欢有你们的春天，春天不仅有满眼的新绿，还有新生命竞相生长的欣欣向荣。让梦在春天里醒来，让我们在春光中启航吧！

2017年5月10日

今天下午，风和日丽，阳光明媚，是初夏以来一个难得的好天气。午睡起床后，岳队长带着我们全班来到楼后的草地，准备在这里上一堂正念瑜伽课。

每天出操都能看到这块草地，可是如此近距离的接触，是第二次。第一次来，是在花儿刚绽放枝头的初春，转眼就入夏了，真快！又一次踏上这块草地，久违的泥土与青草的气息扑鼻而来，是那么熟悉，那么亲近。

铺开瑜伽垫躺下，仰望蓝天，任凭微风轻拂面颊，整个人都像是融入了大自然，有一种“海阔凭鱼跃，天高任鸟飞”的自由感。伸个懒腰，真舒服！也许是近段时间在上正念觉察课的缘故，不管何时，我对自身总会细微体验和感受，能够深刻觉察并感知自我。

我们先在这种亲近自然的环境中进行了半小时的正念呼吸体验，让整个人都放松下来，随后开始正念瑜伽的正式训练。整个过程都是通过做动作来体验身体的感受，动作不同，身体不同部位的极限感觉也明显不同，每一个极限动作过后，身体恢复原位时，那种放松的舒适感便会传遍全身，心情也随之愉悦起来。每个动作都让身体尽量舒展，在保持极限的那一刻，除了肌肉有酸胀疼痛感外，内心也会发生极大的变化。在极限状态下，感觉时间过得很慢，此刻，

经常出现的念头是放弃，哪怕重来。但是就此放弃，心里又有不甘。两种念头相持不下，最终还是选择了坚持。随着时间的推移，每多坚持一秒，内心的成就感就增加一分。整个过程结束后，身体舒展开来，躺在垫子上，那种轻松和愉悦无以言表。

正念瑜伽课让我们内心对事物的极限状态有了体验和认知，我们学会了慢慢去适应极限，并运用坚持来突破极限。对我们每一名戒毒人员来说，这种体验与感受是至关重要的。掌握这些科学方法的重要作用由此可见一斑。

经过半年多的强戒生活，身边这些可爱、敬业、细心的强戒所民警让年过不惑的我关注到了很多曾经忽视的细节，发现了身边的很多美好。在他们的帮助下，我学会了觉察，学会了感恩，坚定了新生活的信心。

岳语初心

大志是个很有灵性与领悟能力的人，也许得益于他的音乐天赋，他的体验分享准确而深刻，有些领悟远远超乎我的期待，甚至已经是正念防复吸项目的体验觉察了，自然达到了我的目标。细细想来，“远征”团队的抗毒战士们能够拥有如此高的认知水平和感受水平也得益于他的带领和影响。大志已经认识到了自身的很多问题，但认识到问题和自我改变还有很长一段距离，需要我不停地鞭策、引导和启发他。

知易行难，所以在班里我会经常说“不忘初心，方得始终”；每天我会仪式性地要求大家说出团队的名称和口号（“远征”和“舍得”，这是我们在 2016 年 12 月 30 日确定的）；我还为每个人准备了文件夹，让他们收集自己的文字记录并进行命名。班长组织大家每天进行晨读，坚定戒毒的决心。

一周总结　2017年5月14日

春天渐行渐远，转眼便到了立夏，好在炎炎夏日还未真正到来。当初夏那丝丝凉爽带给人们的惬意彻底消失时，真正的考验才算开始吧！周二，我们在楼后的草坪上上了一堂正念瑜伽课，正是这初夏的凉意，减轻了身体极限体验的痛苦。当正念瑜伽的极限体验结束时，我竟有一种意犹未尽的感觉，这应该源于对入夏后所剩不多的那股凉意的留恋吧！在这样的情境下，对身体不同部位所承受极限的体验觉察得十分彻底、十分深入。

从周四傍晚开始，刮起了大风，一直持续到周五中午，气温因此明显下降。不过这大风降温带不走人们欢迎世界各国高层人士参加“‘一带一路’国际合作高峰论坛”的热情，大街上张灯结彩，热闹非凡。

周日上午，“‘一带一路’国际合作高峰论坛”顺利开幕。开幕式上，习总书记作了40分钟的主题演讲，成为世界各国主流媒体关注的焦点。总书记在演讲中回顾了历史上丝绸之路的繁荣，总结了现今世界及地区经贸合作的格局，重点阐述了“一带一路”伟大构想在未来对世界经济发展的重要影响。现场的多次掌声充分说明习总书记提出的“一带一路”、共建人类命运共同体的倡议是符合人类发展、人类文明进步的主流民意的。世界各国特别是发展中国家应在平等的基础上，加强多边合作，互通共融，共同发展，互利共赢。习总书记演讲时的坚定和自信，让人的责任感与自豪感油然而生，我为祖国的日益繁荣和昌盛深感骄傲。

岳语箴言

今后的生活一定会有很大的变化，同为 70 后的我们，将一起见证、参与这种变化。收拾好心情，牢记初心，学习并巩固戒毒技能，为美好的生活、人生价值的体现储备力量吧！

一周总结 2017 年 5 月 20 日

温度一天天升高，闷热难熬的夏天终于如期而至。燥热笼罩下的每一天都似乎特别漫长。

为了在月底的全所队列会操中有好的表现，从上周开始，队长带领我们进行了严格的队列训练。为了使大家更努力地训练，队里每天都要挑出 8～10 个训练不达标的戒治人员，组成一个强化班，在第二天上午进行强化训练。我们八班表现优异，每天早操训练时都能得到队长的表扬，在严格的挑选中无一人“入选”强化班，这让我们信心大增。下午全队混合训练的时候，我们班有几个人因值看护夜班而缺席，导致队列人数不全。队长要求补齐队列人员，这时别班的人员总是争着抢着要来我们八班的队列中。他们认为，在八班的队列里，一来每次可以少走几个来回，二来不容易成为队长们关注的对象，进强化班的可能性因此大大降低。

一周的训练结束后，队里组织了一次会操比赛，用以对比各班的队列情况。我们八班对此抱着“志在必得”的信心，可希望越大，失望也越大，比赛结果让人大跌眼镜，最终连前三名都没有进，被当头狠狠浇了一大盆冷水。回班后，大家对于这样的结果都有些愤愤不平。唉，比赛已经过去了，我们还是少一些抱怨吧！

岳语箴言

客观地说，会操时我们的表现与别人的相比还是有差距的。事实上，作为指挥员，我准备得不够充分，要承担一定的责任。上场顺序改变后，我的节奏被打乱，影响了八班整体的正常发挥。日常生活中，我们八班在很多方面（包括卫生方面）都有优势，但也存在很多不足，我们不能“自欺欺人”，要有自知之明，取长补短，变不足为优势。

岳语回音

谢谢岳队长如此细致的点评。其实那天杜大队长刻意安排的上场顺序已经充分体现了我们八班队列的实力。当然，我们要有精益求精的态度，这是我们能够不断进步的基础和前提。

总结一周　**2017年5月26日**

真是奇怪，有时候觉得时间过得真快，一周一晃而过，又到周末了，周一的会见仿佛就在昨天。可有时候又觉得时间过得很慢，感觉这个月已经过了好多周，发生了好多事，可还停留在五月。

周一下了一场算是入夏以来最大的雨，可这天刚好是探视的时间。虽然每次都无法直接联系到妻子，但直觉告诉我她一定会来。一大早那可恶的大雨来得真不是时候，我的内心无形中又多了一份愧疚。好在会见很顺利，一切安好，心里踏实了许多。

本周各班都在组织相关人员参加“朗读者”大赛。不知是水平所限，还是参赛者没有用心，目前为止还真没出现让人眼前一亮的参赛选手。田大队长曾经做专门的点评，一一指出参赛者的问题。希望在今后的日子里能有所改观。当然，我也报了名，只是还没轮上，我想自己会与其他选手有所不同，至少我用心准备了。

岳语箴言

朗读是用有声语言对无声文字进行创造性的诠释，能使语言更具表现力。通过朗读，我们既能更好地理解作品的内容，又能在此基础上融入自己的感情，并向外界传递作品的思想及感情。当然，只有全身心投入才能让听者沉静在你用心营造的氛围里，才能引起听者的共鸣。期待你朗读的那一刻。

2017年5月9日

经过一段时间的正念减压学习和训练，我们每个人都有了不同的体验和收获。为了让我们更好地学习后面的课程内容，岳队长在今天的班会课上就之前学过的正念体验课内容做了一个阶段性的总结。他先让我们每一个人回顾了自己的学习经历，然后要求大家发表各自的看法。班会气氛热烈，大家各抒己见。大部分人都认为，正念练习真的增强了觉察意识，提高了自己对周围事物的觉察能力，有助于发现存在的问题；当然，也有人对正念体验课提出了不同的看法，认为正念减压的学习和训练是自己的一个负担，正念训练的时候不但无法静心，反而更加焦躁和压抑。岳队长在点评时指出，这是因为正念练习带来了压力，这样能增强对想法、情绪和事件所引起的躯体感觉的觉知，让我们从那些固定化的习惯性反应方式中解放出来，更科学地去面对困难。确实，当我们能够从自我觉察中发现问题时，就更容易从习惯化的反应中走出来，从而改变自己。

相信通过有规律的正念练习，我们将迎来更多的自我觉察的机会，从而更好地活在当下。

岳语箴言

谢谢你们用心进行正念的学习并分享你们的真实体验，这给了我很好的启示。在正念的训练过程中，你们每个人都在感受和觉知，只是内容不一样，这也让我更加了解你们，更清楚你们此阶段面对什么样的困难，需要什么样的帮助和引导。你说得非常好，“更好地活在当下”是我们共同努力的目标。

一周总结 **2017年5月30日**

端午节如期而至。

节日期间，我们不仅品尝了美食，大饱了口福，而且参加了丰富多彩的节日活动，获得了丰厚的奖品。今天是假期的最后一天，队长组织了一场联欢会，会场上充满了欢声笑语，大家玩得不亦乐乎。

原想在三天的假期中抽出一些时间，整理一下思路，完成几篇稿子，可没想到一刻也不得闲，每天安排得满满当当。

总结一周　**2017年6月3日**

这一周是在紧张中度过的，因为我们一大队所有人都在准备强戒所的队列会操比赛。周末，随着队列会操比赛的结束，我们的压力才被释放。让我们欣喜的是，队列会操比赛有一个圆满的结局。现在想来，这个过程还是值得回味的。

由于大队最近人员流动性比较大，每天的训练中总会出现这样那样的问题，训练效果不仅让我们这些参加过上次会操的人缺乏信心，连队长也很担忧。

可事情的发展有些出人意料。在周五上午的会操比赛上，我们第三个上场。大家在没有进行最后的战前动员的情况下，带着背水一战的悲壮，什么也不多想，在场上稳定发挥。奇迹出现了，我们竟然获得了第一名！这简直就是一个意外的惊喜啊！看来，我们平时的努力没有白费，真的有了收获。

岳语箴言

我们这期正念课的内容正好与压力有关，学会充分地觉察，然后运用正念来面对压力，可以让我们做出正确的回应。为你们的做法点赞，祝贺你们获得好成绩。

总结一周 2017年6月9日

六月来了，我到天堂河快半年了。这半年来，大队做了数次人员调整，包括所与所之间或者队与队之间人员的调整，但这些调整似乎与我们班无关，可能因为我们班是队里为数不多的优秀班组。这周，领导对我们班进行了测评，感觉考察的氛围比想象中的轻松。当然，最终的测评结果还不得而知。但为了能在这次测评中获得好的成绩，我们每个人都做了充分的准备。

在我看来，测评不仅给了我们压力，而且给了队领导压力。为了班组每个成员的成长和进步，管班岳队长付出了很多，这是大家有目共睹的。岳队长的“优秀”当之无愧，但我们离“优秀”还有一定的差距。

据说这次考核之后我们班将有一部分人会被调到别的大队开始新的戒期，到时“远征”团队或将不复存在。不过，无论在哪个大队或在社会生活中，我们每个人的远征都将一直继续。

岳语箴言

你的字里行间有种伤感。

这段时间我确实是在紧张中努力前行。四月底得到通知，我们班要参加局里组织的优秀班组评选活动，需要整理半年来的所有戒

治材料，同时还要完成班内强戒人员的生活协调，开展一系列的戒毒教育活动，最重要的是要进行汇报，需对汇报内容进行梳理和总结。四十多天在不经意间匆匆而过，我们都在全力以赴。不管结果如何，我们都问心无愧。一个阶段过去了，终于有时间调节一下了。

给你看的书我要收回了，相信你已经看完，在下周的周记中重点汇报一下看书的体会吧！

岳语初心

我给大志看的书是《王阳明》，讲述的是明朝思想家王阳明的故事。在生活中，大志容易受环境、情绪等影响，做出逃避或攻击等糟糕的行为。比如事业遇到挫折，他以毒品作为逃避的媒介；毒品影响他与妻子的感情，他有协议离婚的念头；被做出强戒两年的处理后，他的情绪很久都没有走出阴霾；情景剧排练不顺，他有放弃的表现；与他人相处出现矛盾，他不能妥善处理。

大志有音乐天赋，在充满肯定、表扬、鼓励的顺境中成长，所以他在生活中有目标、肯努力，但他缺乏挫折教育，做事动力不足，需要靠外部力量推动，一旦遇到挫折，容易归咎于外因。我起初准备让他看《明朝那些事儿》中关于王阳明的那部分内容，希望他领悟到“知行合一”的道理，确定目标后，能不畏困难，坚持初心。但在图书馆没有找到这本书，于是选择了《王阳明》这本书来替代。

大志是带着任务看《王阳明》的，看完后他文思泉涌，洋洋洒洒写了近万字的读后感。不过，他好像并没有明白我的用心，未领悟到我想要传递给他的思想。也许是这本《王阳明》不如《明朝那些事儿》中关于王阳明的部分观点鲜明，而他更注重的是文化、艺术等方面的内容。我对他的读后感的反馈是：“文思泉涌，有感受，有自己的态度和观点，但还可以从更多角度更深入地了解王阳明，获得更多的感悟。”

也许富有艺术气质的大志原本感性多于理性，看来要明确向他表达自己的想法了。

一周总结 2017年6月23日

一年中日照时间最长的一天——夏至在这周如期而至，然而因为降雨，少了几分夏季的炎热。这是一场及时雨，驱赶了一段时间以来的酷热，让我们感受到了久违的清凉。

看着窗外的大雨，听着熟悉的雨声，思绪被带到从前，心中涌起莫名的伤感。三年前的暑假，二姐带着她大学刚毕业的女儿来北京看望我们一家。也是在这样的一个雨夜，吃过晚饭后，我开车带着她们疾驰在二环路上，欣赏京城的雨景。车犹如一叶轻舟，在一片汪洋中颠簸起伏。这么大的雨，在乌鲁木齐，十年也难以遇到一次。大约是去年的这个时候，也是下雨的日子，连续的大雨让人无事可做，只因一个念头，我便开车带着全家去小汤山找了一家带小院的露天温泉，体验了一把雨中泡温泉的感觉。当时，两个小家伙非常开心，他们脸上那种快乐的表情我至今历历在目。而此刻窗外的雨带给我的不仅是清凉，更多的是清凉背后的那份伤感。明年的雨季依然如此吗？不敢想象啊！

换一种心情，想想这周的开心事吧！周二上午，我突然被点名到大厅集合，以为是队列训练，没想到去礼堂看了一场由中国曲艺家协会带来的“6·26”帮教演出，其中的相声、歌曲、快板等节目十分精彩。这算是“捡到”了一个意外的惊喜。

岳语箴言

雨夜遐思，真是一种美好的生活体验。期待从强戒所回家后，你能再给孩子们带去开心和快乐。加油吧！把毒戒掉以后，一切美好都属于你。

安排你参加中国曲艺家协会的帮教演出，是队里对你表现的充分认可，希望你再接再厉！

一周总结 6月30日

对于我们这些正在戒毒的人来说，这周最特殊的日子当属这一天——6月26日国际禁毒日。以前，这个日子与我没有太大的关系。可今年的这个日子，与我有了千丝万缕的联系。曾经的我与现在的我似乎只有一步之遥，内心的感受却天差地别。2017年的6月26日，是我特别关注、特别期待的日子，将永生难忘。

周一，队里组织了“6·26真情朗读会”，与会者用各自不同的方式分享了自己的故事：有的读了自己女儿的来信，动情之处泪光闪闪；有的从愧对父母的角度诉说了对吸毒的悔恨；小超平时是个爱说笑的人，他在会上讲述了吸毒期间妻子对自己的关心与担忧，数度哽咽，让我们看到了他的另一面。大多数强戒人员都为之动容，有的甚至泪流满面。其实，现场的我们谁没有类似的经历呢？朗读会上大家的眼泪是用来洗涤内心的吧！

周三，一份小小的欣喜冲淡了先前沉重的心情。那天，田大队长召集各班班长开会，要求对班会记录中存在的问题进行整改。我作为副班长，代班长参加了会议，当听到这个问题的时候，我心里忐忑不安，不知道自己班的班会记录会出现什么样的问题。幸亏田大队长说：“全大队只有八班的班会记录达到了要求，不需要修改或重写。”我长舒了一口气，内心一阵欣喜。看来，“功夫”好与坏，全在于平时，而且队长心里有数。

岳语箴言

吸毒前，觉得禁毒日与自己毫无关系，以为毒品离自己很遥远，可是没想到自己会落入毒魔的掌心。吸毒前的你，吸毒中的你，戒毒后的你，每一个你似乎都只有一步的距离，可是每一个你又是如此不同。一路走来，才发现，吸毒让自己最受伤。

朗读既是以声音、文字触及心灵的过程，又是用文学、艺术净化心灵的旅程。朗读可以唤醒迷失的自我，引导我们重新回味来时的长路，找到久违的情感，所以我们会流泪，会感动，会羞愧，会展现出与平时不一样的一面。

平日里，我们习惯于隐藏自己的内心，只有心弦被触动时，才会直面自己的内心，表露真实的自我，不再隐藏。朗读会上，大家之所以会有如此深情的述说，是因为我们不再是心里只有毒品的吸毒者，而是决心远离毒品的戒毒人。

你说得很对，所有事情的成败，都不是一时之功，而在于平日的积累，不论是生活中的小事，还是戒毒这样重要的事，都需要我们一天天努力去做，长时间坚持不懈地去做。只要每天坚持，就会有胜利的一天，我期待你的胜利，也愿意和你一起共同努力！

总结一周 **2017 年 7 月 8 日**

这周让我高兴的有两件事。一是岳队长给了我两次练琴的机会，虽然时间都不长，但熟悉的旋律勾起了我很多美好的回忆。弹奏莫扎特的《魔笛》的片段后，我心里很激动，尽管现在连全曲的三分之一都不能完成，但在晚上临睡前的半小时里，我把全曲都回想了一遍。二是帮助海子和旭子写了家信。家家有本难念的经，况且别人家的情况我又不熟悉，这样的忙我原本不该帮，可面对他们无条件的信任和请求，我无法拒绝，只能硬着头皮答应。写信不难，要写到点子上却不容易，我担心自己的表达能力有限，词不达意，帮倒忙。为避免出现这种情况，我先研究了他们先前的家书，然后学着用他们的口吻进行回信。值得欣慰的是，由我代写的家信完成后，他们都很满意，认为我所写的正是他们所想的，看来我的辛苦没有白费。

周三，情景剧比赛终于开始了。大家的表演惟妙惟肖，从演出状态便能看出，每个班都做了精心准备。虽然有其他班的情景剧剧情与我们班的雷同，但我们的表现似乎更胜一筹，赢得了如潮般的掌声和好评。虽然比赛结果还是未知数，但我们的演出效果已经达到了预期。比赛采用寓教于乐的形式，大家在笑声中重温了应对高危情景的方式与方法，受益匪浅。不过，只有真正把这些有用的方法运用于实践中，学以致用，才不枉所学。努力吧！

岳语箴言

每次都很期待翻看你的记录本，我知道这里记录的都是你真实的思考、体验和感受。在周记里我能感受到你痛苦的彷徨、无奈的失落、收获的欣喜。回归真实的自我后，你能否有更多的改变？我会一直关注。

岳语回音

非常感谢岳队长一直以来对我的关注。我也一直在努力，希望自己有更多更好的改变，不辜负岳队长对我的期望。

一周总结　2017年7月14日

这周，队里安排了两天的除草劳动，其实这是给我们安排饭后外出纳凉的机会，劳动回来后冲凉洗澡，防暑降温，这是队长们用心安排的体现。在这些天的晚讲评中，队长经常提醒我们：一大队“无打架”计时牌上的数字已近500天，希望大家珍惜并保持，为最后的冲刺做准备。其实即使队长不提醒，我们又有什么理由不去维护大队的集体荣誉呢？

前几天，我与二姐通了电话，得知她已来北京，正在我家中。与二姐通话之余，我还与儿女们聊了几句。得知他们都安好时，我悬着的心终于放下了。

最近岳队长休假了，他不在的时候，我感觉自己在期待中藏着一丝焦虑，希望能早日见到他。周四晚饭后，岳队长回来了，在欣喜中，我的焦虑瞬间化解于无形。岳队长为我们付出了很多，他想他人所想、急他人所急的工作态度，对我们无微不至的关怀，让我们一直心怀感恩，我们唯一能做的便是心无旁骛，安心戒毒。让我由衷地说一声：“谢谢您，岳队长！”

岳语箴言

安心戒毒是我们一起确定的目标。最近得知你二姐这段时间正

在北京，将利用暑假的时间来探视你，相信她带来的还有你远在新疆的妈妈、哥哥和大姐的关心与问候。亲情的力量是远征路上最强劲的动力，请一定珍惜。加油吧！

感活想动 **2017年7月18日**

今天，队长组织大家在阅览室开了一个班会。班会的主题是回顾第一次吸毒的经历与感受。班会的气氛十分热烈，因为这是一个让大家印象深刻的话题。除了回忆第一次吸毒的感受和原因，有人甚至还回忆了第一次使用的吸毒工具、制作吸毒工具的过程等，真是五花八门，各有不同。

通过讨论与梳理，大家渐渐发现，尽管理由不同、场合不一，想法和状态也完全不一样，但有一个共同点：第一次吸毒都很紧张，以至于错误频出、手忙脚乱。正是因为有了不熟练的第一次，才有了之后的第二次、第三次……并且一次比一次熟练，一次比一次顺手。你一言我一语，大家谈兴正浓时，岳队长突然挥手让大家停止讨论，并要求大家进行反向思考：吸毒的过程如此，那么戒毒是否也同样需要一个过程，需要一种动力呢？

沉思了两分钟后，岳队长让大家取出纸笔，在他的口令下迅速用右手拿笔写两遍班组的口号“舍得、舍得，舍掉毒品得到生活”，然后让我们闭上眼睛，调整呼吸，在引导语中冥想“右手受到伤害，需要使用左手生活”的情形，最后慢慢睁开眼。接下来，岳队长让我们用左手写出同样的内容，写完后对比两次书写的感受。我忽然领悟到，戒毒也是如此，就像凤凰涅槃一般，经过科学系统的训练，我们可以摆脱毒魔，重新建立健康的生活方式。

吸食毒品是从手忙脚乱中开始的，从紧张忐忑到熟练麻木，在毒品的强力诱惑下，一步步走向深渊，一度难以自拔。现在，我有戒毒和回归家庭的强烈愿望，只要始终不放弃这个念头，相信自己一定能够保持戒毒操守。

戒毒的过程是一个良好习惯培养的漫长过程。对于我们来说，目前最重要的任务就是摆脱恶习，慢慢养成良好的习惯。

岳语箴言

今天的班会让大家回顾了第一次吸毒的经历和感受，正是在第一次紧张忐忑的吸毒后，大家逐渐陷入了毒品的深渊，难以自拔。希望今天的体验活动能带给大家充足的戒毒信心。请记住活动一刻的感知，它会在你需要的时候坚定你正确的选择。

总结一周　**2017年7月21日**

本周已进入伏天，酷热难耐，我们在其中苦苦煎熬。幸好周一顺利见到了二姐，焦躁的心绪平静了些许。不过，二姐消瘦了不少，我不由得心生愧疚。遗憾的是，二姐特意帮我带来的眼镜没能送进来。这一幕被细心的李大队长看在眼里，会见完后他专门告诉我："下次会见前记得写一份申请，我来和相关部门协调，履行相关的手续，争取把眼镜拿进来。"对此，我感动不已。

为了防暑降温，队长们颇费心思。在我们午睡后提供西瓜，安排我们晚睡前冲凉。此外，岳队长还组织大家复习了"费斯汀格法则"。这是美国心理学家费斯汀格的著名论断，教给我们控制情绪的具体方法。在这个闷热的夏天，一群因心智受毒品影响而不能很好地控制自己情绪的人共同生活在一个小环境中，难免会出现问题。为防患于未然，队长们为我们提供了尽可能多的便利条件，创造良好的戒毒环境。当然，戒毒要有成效，我们自身从心理上积极适应才是最重要的。近期好几个班不同程度地出现了一些状况，可能都与这种情况有关。在这种环境下复习"费斯汀格法则"，对于管理和调整好情绪具有重要的作用。

岳语箴言

为你的理解和成熟点赞！毒品对脑功能造成了不可逆转的破坏性影响，使成瘾者形成了易激惹、偏执的性格特点，在天气燥热、戒毒人员密集的环境中，极易出现各种不安全事件，这给了我们极大的压力。为缓解这样的压力，降低不安全性，我们采取了很多措施。好在这些措施得到了强戒人员的理解和认可，我们甚感欣慰。加油，我们一起创造美好的生活！

一周总结

2017 年 7 月 28 日

上周日，大厅内“无打架”计时牌的天数在大家的期待下终于到了“500”，这是过去一年多大家一起努力的结果，为我们开启了一个新的征程。随着这个数字的不断增加，相信我们每个人心中的那份责任感也将不断增强。

在这周的班会上，岳队长带着大家就话题“人与人之间如何更有效地沟通”进行了讨论。期间，大家各抒己见，畅所欲言。有些人对“如何有效沟通”说得头头是道，“包容”“换位思考”等被多次提及，显得虚伪和言不由衷，不知道这是在敷衍还是对别人的要求。实际上，在我看来，这是一件“说起来容易做起来难”的事情。

“八一”建军节将至，近些年，通过朋友圈，我找到了久违的战友，又重新建立了联系。每年都会有战友聚会，想来今年应该也有，不知战友们会不会想起我。唉，多想无益，前面的路还很长，正视现实，低头前行，面对未来吧！衷心祝战友们节日快乐！

岳语箴言

你的字里行间流露出了低落的情绪，有些失落，有些压力，还有些忐忑。500 天的“无打架”计时告诉我们已经完成了一个小目标，正在向一个新的目标前进，我们有能力走得更远。不忘初心，

继续努力吧！

还记得上次看完《王阳明》后我们之间的交流吗？请记住这几个关键词：坚守底线，知行合一，灵活应对。

一周总结 2017年8月5日

或许是天气太燥热，窗外的知了声此起彼伏，人的情绪也变得浮躁。幸亏我们的活动丰富多彩，不因热浪的侵袭而百无聊赖。

周一，李大队长组织我们开展了一场别开生面的讲述活动，我们在轻松愉快的氛围中聆听了故事，接受了教育。

今年是中国人民解放军建军90周年，大队组织我们观看了盛大的阅兵式。三军将士威武的军姿、有力的步伐、昂扬的斗志，震撼了我们每一个人的心，军队的强大、祖国的昌盛让我们深感自豪。看完阅兵式后，大队及时召集了当过兵的强戒人员，请他们在全队人员面前讲述自己曾经的军旅生活，我也是其中的一员。讲完后，队长让其他强戒人员参与互动，向讲述者提问，提的问题五花八门，有的问题一提出便引起哄堂大笑，全场氛围轻松活跃。讲述者军种不同，年龄有别，军龄各异，讲述的内容丰富多彩。置身其中的我感慨万千。在讲述中，我回味了自己曾经作为军人的荣耀与自豪；讲述后，我被拉回现实，随之而来的自责与愧疚让我久久不能平静下来，只有咬着牙对自己说："一定要远离毒品，重新找回那个自己。"

周三，岳队长突然找我谈话，告诉我一个完全出乎意料的消息：之前因为失误而丢了的夜班看护岗位被队长争取了回来。得知消息的那一刻，我百感交集，上次得到岗位后的那种轻松和喜悦荡然无存，沉重的压力扑面而来。我知道，重新得到这一岗位来之不易，它的背后更多的是期待、嘱托、信任与责任。任重而道远，在哪里跌倒就在哪里爬起来吧！

岳语箴言

讲述军旅生活的过程，是呈现心智成长和心灵蜕变的过程。看到你重新找回了那个敢拼敢干、年轻有为的自己，相信关心你的人都会和我一样欣慰，都愿意给你更多的支持。夜班看护岗位的失而复得便是很好的证明。因为你的表现重新得到了大家的认可。回归社会以后，你一定会面临各种困难和挫折，相信在强戒所内的经历能让你从容、坚强地应对。

总结一周 **2017年8月11日**

时光飞逝，转眼就到立秋了。十多年前，母亲在北京时曾常说北京的二十四节气气候变化明显，只是我未曾在意过。如今，我实实在在地体验了北京每一天、每一个节气、每一个季节的变化。确实如母亲所说，8月7日立秋以来，我很快就感受到了秋天的丝丝凉意。

再度在看护岗值班，所有的感受、体验与第一次的完全不同，也许是自己适应了环境，也许是周围的环境已经改变。总之就是不一样了，少了许多冷言冷语，多了许多支持与鼓励，以前的陌生感和各种障碍现在也都烟消云散了。大家都朝着目标在努力，与刚入所时相比，每个人都发生了改变，都在进步。不过，戒治之路依旧漫长，我们丝毫不能松懈。继续努力吧！争取早日戒除毒瘾，回归家庭、融入社会。

岳语箴言

与几个月前相比，你现在的感知和体验有了明显的变化。这些变化也许是源于你心智的成熟，境由心生，你有了更多的耐心，更宽的胸怀，更深的感悟，这些都是成长的体现！

总结一周 **2017年8月18日**

又到周末。下周是会见周，已电话通知家人不用过来。如此，少了对会见的期待，内心反而变得平静。

也许是因为距上月的采买已久，本周宿舍里最热门的话题当属采买了。从周一开始，大家便纷纷猜测采买到达的时间。周四中午，采买终于到位，所有人都兴高采烈地领取了自己的物品，宿舍里终于安静了下来。不过，我忽然发现期待被满足过后，在热议话题戛然而止的那一刻，似乎增加了一份无形的落寞。

人的内心对某种事物的期待消失之后，失落感会随之而来，产生迷茫。这个时候，该怎么办呢？我突然想起之前学过的积极心理学的知识。对，要确立远近不同的目标，制订计划，并坚决执行。对于正在戒毒的我们来说，一个目标达到了，要尽快明确方向，确立下一个目标，戒毒路上，不能止步不前。

岳语箴言

真心为你的觉知喝彩！戒毒路上不能止步不前，要以不同的目标来引领前进的方向，避免远征路上可能现出的迷失。加油！

一周总结 **2017 年 8 月 27 日**

连日来的绵绵阴雨彻底驱散了夏日的闷热，雨后的空气变得格外清新，天特别蓝，秋高气爽，让人心旷神怡。

周一，我们外出进行康体训练。我正贪婪地享受着清新的空气时，许队长拿着一张计分单来找我。顿时，我的心里变得忐忑不安：自己最近犯错了吗？是不是之前的法律道德教育考试没有及格？接过单子定睛一看，我长舒了一口气，原来是虚惊一场！这是一张加分单，我向局里主办的报纸《教育矫治报》的投稿被采用了，队里因此奖励我 30 分。

这是一份意外的收获，当然，这份收获离不开岳队长一直以来对我的支持与鼓励。从今年入春开始计分以来，岳队长一直鼓励我投稿，虽然中间有波折，但我终于成功了。由衷地感谢岳队长！

岳语箴言

祝贺你成功投稿。这不是意外的收获，而是坚持的价值。你一路坚持，终于收获了成功的喜悦。

戒毒之路艰难坎坷，难在人的心境会有起伏波动，难在生活有顺有逆，攻坚克难的法宝便是坚持、坚持、再坚持！坚持就是胜利，加油吧！

岳语初心

八月，我休年假。班内的戒治成员得知我的休假计划后安慰我，他们不会懈怠。8 月 22 日，大队电话通知休假的我班组要调整，让我先安心休假，回来后接新人班。

休假之前，我对包括大志在内的强戒人员进行了安排，离开时心里是踏实的，我相信“远征”班组能够不懈努力，等我回来。遗憾的是一个班就这么被打散了。既然是大队的决定，那就服从并接受吧！安心休假，等待新的工作。祝福你们，“远征”团队的成员们，希望你们在新的环境中不忘初心，继续努力。

大志离开八班后，进入九班继续进行戒治。我仍在持续关注他。他克服困难，积极参加了强戒所组织的消夏歌会、职业技能学习、队列会操等各项戒治活动。

总结一周 **2017年11月16日**

随着时间的推移，新老队员不断交替，不断循环。有人来了，有人走了，我似乎已经习惯了。这一周，队内有三名强戒人员陆续到期，从周二开始，每隔两天，便有一名离开。他们陆续被解除强戒，我们被不断刺激，羡慕不已。老何也要离开了。他善良热情，乐于助人，对于他的离开，我们都很不舍，当然，对他更多的是祝福。

快要评估考试了，我的压力一天天增加。调整好心态与心情，迎接新的挑战吧！

岳语箴言

期待你能顺利通过一年期满评估这一重要考核，那是你一年强戒生活的收获，是你对亲人最好的回报，是你对“远征”目标的切实践行。我会持续关注你，关注我们的“远征”团队。

一周总结　2017 年 11 月 25 日

近期队里安排了不少戒治课程和戒治活动，引起了一些强戒人员的异议。有人认为这些课程和活动费时费力，对戒毒的效果却未知，于是产生了消极情绪。为了避免这种不良情绪的蔓延，周五，李大队长专门就这个问题做了一个简短的说明。

关于科学戒治的效果，李大队长非常客观地说，戒毒是世界公认的一个难题，到目前为止，还没有特别有效的解决这个难题的方法，正因如此，队里才花费大量的时间和精力安排戒治课程和活动，进行多方面的尝试，并不是为了走过场，希望大家端正戒治态度，积极配合并认真参与，因为有参与才有收获，有参与才有对比，有参与才能为攻克戒毒这个难题提供可能。他说“不会试图去叫醒一个假装睡着的人”。我认为队长说得既有道理又深刻。对一个“假装睡着的人”来说，问题不在于能否叫醒，而在于想不想醒，一切取决于个人的态度。作为一个正在戒毒的强戒人员，我对此有深刻的体会。戒毒不是能与不能的问题，而是想与不想的问题。在强戒所经过两年的强制戒毒，短期内一定能戒断，但能否长期坚持，主要取决于是否有端正的戒治态度。如果戒治态度不端正，很快又会复吸，听说曾有人在离开短短的两三个月后又回到强戒所。

岳语箴言

我很欣慰，在字里行间看到了一个牢记初心、努力前行的你。你是对的，一个人“愿不愿醒来”的态度是解决问题的关键。庆幸的是，你很清醒，以“敬畏”之心来面对毒品。你需要做的是调整思维方式，养成新的行为习惯，做好面对今后出所生活的准备。加油！

岳语回音

谢谢岳队长。我会继续努力，不断前行！

岳语初心

“远征”班组虽然离开了我，但我一直没有放弃对他们的关注。进入 11 月，他们都要参与一年期满的评估，这件事对他们很重要，决定他们能否提前解除强戒。

2017 年年终总结

对于很多人来说，刚刚过去的 2017 年也许意义非凡，而我却如同正常生活的旁观者，游离于尘世之外。从没想过 2017 年自己身上将会发生什么，更意想不到 2017 年自己会在这里度过。“光阴似箭，日月如梭”是内心此刻最深刻的感受。

的确，总是在回望时才觉得时光飞逝，一年前刚刚入所的情景仍历历在目。那时，陌生的环境、截然不同的生活方式带给自己的是完全异样的感受，有陌生，有不适，有烦躁，有焦虑，对于已过不惑之年且有过军旅生活经历的我来说，每天要过幼儿园孩子过的简单生活，简直是一种极大的精神负担。我每天都度日如年，似乎随时要崩溃，但这又有什么办法呢？除了“正视现实”之外，我还能怎样？

我们班的窗户正对着强戒所的大门，一眼望去，便能看到大门外过往的车辆和行人。入所之初，每每望向强戒所的大门，内心总会涌起一种强烈的对自由的渴望。仅仅一墙之隔，自由却显得那么遥不可及，此时才深深地体会到“世界上最遥远的距离，莫过于自由就在眼前，而自己却无法得到”这句话的含义。

随着生活的逐渐正常化和作息的不断规律化，渐渐发现以前不在乎的，现在越来越在乎；以前不珍惜的，现在觉得很珍贵；以前麻木不仁的事情，现在变得让人期待。比如，鸡蛋和牛奶搭配的早餐，成为每天心中的惦念。被强戒之前，一度对睡觉很排斥，总觉得睡觉就是浪费时间、浪费生命，于是给自己找了很好的理由和借口，漫漫长夜，用毒品来抑制睡眠，消耗自己的生命。自从来到天堂河，有了正常规律的生活后，才发现睡觉竟然是如此让人幸福的一件事，而且这种幸福就在身边，唾手可得。

一群来自全国各地因吸毒而违法的人聚集到天堂河，因地域、年龄、生活经历、文化背景、性格等的不同，在面对和处理问题的方式方法上有很大的差异。这样的群体所构成的环境非常复杂，人与人之间的沟通因此变得极为不易。吸毒者因吸毒导致性格上多有强烈的偏执、多疑、激惹倾向，人和人之间缺乏应有的信任和坦诚。很多人习惯于信口开河，所说的话甚至自己都真假难辨，虚伪被无限地放大。我曾经的人生观与价值观被完全颠覆，时常被烦恼、焦虑所笼罩。

当置身于这种完全意想不到的环境中时，我根本无法理性地去调整自己、改变自己，很多时候甚至无法真实地面对自己，因此时常会在极为不理性的状态下，表现出极为不正常的情绪反应，甚至长时间沉浸在不良情绪中，愤愤不平地伺机寻找宣泄的途径和方式，其实这潜在的不理智想法是发生问题的危险因素。还好所有这些都逃不过民警们细心的观察，尤其是管班的岳队长，他并没有以管理者的身份对我进行说教，而是像知心朋友一样与我坦诚地交流和沟通，让我体会到了一种被理解的欣慰、一股被关心的温暖，还有一份被信任的感动，一时间眼前所面临的一切问题似乎都如过往云烟般消散，我的内心慢慢释然并开始理性地审视自己，审视所处的环境，真正开启了自己在天堂河的全新生活。

被理解的那份宽慰是无以言表的，我那颗烦躁与焦虑的心开始变得平和，尝试着理解现实所处的这个环境，理解构成这个环境的人群。豁然间，我似乎理解了周围人的做法和想法，渐渐地开始习惯并适应许多原先被认为不可思议的事情，并知道了该如何坦然去面对。

有道是“反听之谓聪，内视之谓明，自胜之谓强”，人有多少时间能对自己进行冷静的内视或内观呢？自从来天堂河，内观和思考变成每天必做的事情，从刚来时写长史开始，到民警的体验戒治课程，每天都能从各个角度审视自己、反省自己，审视过去、反省昨天。许多早已淡忘的事又慢慢地被回忆起来，许多曾经认为不经意的事也在回忆中变得重要起来。

当然，在内观中反省自己，能让自己在不断的自省中找回自信、增强信心，也能更坚定信念。但长时间生活在一个狭小的空间与环境中，同样也难免在内观过程中因思维与视角的局限而变得狭隘，陷入死角，这时候，想法会变得很主观，缺乏对问题的客观看待与分析。此时，情绪便在无形的压力中变得烦躁、焦虑，于是写周记就成了缓解压力的一种方式和宣泄郁闷的一种途径，我们的管班队长岳队长从来都是不厌其烦地仔细评阅我们的每一篇文章，每一次的评语反馈又成了一个知心好友般推心置腹的交谈。

记得有一段时间，在焦虑的情绪中，紧张的我感觉戒治生活混乱而又无序，心中一片茫然。这种状态在周记中自然地流露了出来，岳队长在评阅中写道：“生活中每个人都有可能在忐忑与等待中产生焦虑，而这一切又会让你的经历和感觉变得丰满，对于未来来讲，回头一看，这都不是事，不值一提。”简短的言语顿时让人豁然。就是这种真诚而又推心置腹的沟通，像雨中的灯塔引导我迷失的心找到了方向，于是，每周除了对米饭、鸡蛋、牛奶的期待外，又多了一种期盼，那就是周记本发回后迫不及待地翻看岳队长的点评，就这样慢慢地适应着对于我来讲全新的天堂河独有的生活。

这一年里学习了用态势（SWOT）分析法，分析自己的优势、劣势，树立了自己的戒毒信心；通过积极心理课程、动机晤谈体验认识了非理性信念，在认知上重构理性，为自己明确了戒毒目标，确立了戒毒方向。这一年里还了解了回归社会后各种复吸的高危情景，学习了防复吸的方法，极大地提升了自己的危机应对能力。这一年里还了解了ABC合理情绪疗法的原理，懂得了如何觉察和管控不良情绪。这一年通过正念减压和正念禅修的训练，我明白了如何进一步提高自我觉察力，让自己在不断的自我觉察中清晰应对渴求与挑战，提升了战胜自我的能力。

在不断的学习中思考，在不断的思考中改变，当端正了态度、调整了心态，开始积极融入全新的生活后，自己每个不经意的改变在队长的眼里都是进步。在岳队长的推荐和大队领导的肯定下，我获得了一个难得的看护岗位，虽然最初因为一个小失误下过岗，但队长和领导并没有放弃我，经过三个月的考察，我重新上岗了。能够重新上岗的机会并不是所有下岗的人都能得到的，我为此倍加珍惜，在努力干好本职工作的同时，从未放松过各项学习和考核。因为我明白唯有努力通过评估才能不辜负队长对自己的信任，才能不辜负亲人、朋友对自己的期待。最终自己以不错的成绩通过了评估，当在评估通过的通知上签字时，尽管之前无数次地设想过这个场景，但内心的激动依旧难以掩饰。

一年多的戒治生活终于在这一刻告一段落，心中无法平静。这一年里有付出，有收获，有遗憾，有欣慰，有欢笑，也有泪水……留下了太多与以往不同的记忆，注定无法抹去！

此时已是2018年年初，猛然想起2017年年初刚入所不久，我们一班戒员给自己的团队起了一个极富含义的名字——“远征”，并以“舍得”作为戒治生活的口号。经过一年多的磨炼，我已深刻地体会“舍得”的含义，而“远征”于我而言才刚刚开始，因为不久的将来我将重返社会，真正开始在戒毒道路上的“远征”。不过，在我眼里，2018 年起航的“远征”将是充满信心的远征，充满力量的远征，充满希望的远征！

2018 年 1 月 15 日

岳语箴言

时间过得真快，转眼间我们一同来到了 2018 年。你刚入所的那一幕我至今还历历在目。你说 2017 年自己是一个生活的旁观者，生活中的很多都未能用心参与。其实，你在充实地经历着属于你的 2017 年，用你全身心的感受在生命历程里记录了最为深刻的一笔。你说在这一年里无比盼望自由，却只能望着那扇供别人来来往往的大门，内心无比失落却又充满期待。不过，失去自由的痛苦让你体会到如果能再次找回自由，一定会好好珍惜。你说在强戒之前过着精神空虚而又孤独的生活，不曾感受到能够每晚正常睡觉有多好，甚至忘记好好睡一觉是怎样的幸福，不记得一天三餐正常吃饭有多好，更没有静下心来体会一粥一饭的滋味。若不是来到天堂河，也许你仍然远离你的内心，用毒品麻木着自己，也无法觉察你的内心有怎样的诉求和述说，无法体会生活和生命中真正与幸福相关的东西。

在这一年里你反思过往，在这一年里你体验过努力和失败，在这一年里你用自己的行动离亲人更近了一步，在这一年里你踏踏实实地走近了那扇通往自由的大门。我很愿意就这样陪伴你一路走来，看见你一点点重新开始，看见你与内心越来越近，看见你鼓起勇气面对失败和挫折，也常常在心里为你的每一点进步感到高兴。

你的2017年写进了你与毒品的努力抗争，而我的2017年写进了你，你与八班一同写进了我的2017年。在你们的言行里我看到了你们曾经的痛苦，看到了你们艰难的蜕变，看到了你们重新站起来的不易，看到了你们对我的信任，也看到了自己工作的意义。非常谢谢你们，谢谢“远征”，谢谢你们的生命故事，在你们身上我看到了生命的脆弱，更看到生命的坚强……

写到这里，我心里突然浮现出向日葵的形象，想起曾经读到过关于向日葵的句子：“向日葵不择土壤的贫瘠，不讲水肥的多少，只要撒进土壤，就会站立成一种蓬勃向上的姿态；向日葵从不抱怨和嫉恨，也不喧嚣和张扬，始终向着太阳微笑，就算是在破败间凋谢，也迸发出潦倒的艳丽，无声地记述着太阳的辉煌。”我想把这句话送给心中的“向日葵”。

总结一周

2018 年 1 月 20 日

周一，我们参加了强戒所里组织的出所前诊断评估会。会场与以往一样严肃，我的心情却无比轻松，因为我的评估已通过。虽然还不能确定具体的回家时间，但一定可以提前。

由于满怀喜悦，对周末见家人的期待不知不觉地强烈起来。更改了先前登记的亲属电话后，周四，我终于和妻子直接通了话，顺便还和孩子们聊了几句，一切都如预期般顺利。

在评估考试之前，岳队长曾给我们布置过一项作业，让我们总结一年来的感受、体验、思考和收获。我在这周完成了这项作业。虽然写得比较粗糙，但总结的过程心情澎湃、感慨万千。

岳语初心

上述提及的作业即“2017 年年终总结”，这既是强戒人员对戒治生活的总结，又是对我工作的反馈。通过他们的总结，我能获知自己在哪些方面的工作是有成效的，哪些方面的工作还需要改进，为今后的戒治工作提供有用的参考。看着他们交上来的总结，对他们的改变，我无比欣慰。

一周总结

2018 年 2 月 4 日

“立春”了，“一年之计在于春”，万象更新的气息扑面而来，怎能不让人期待呢？走进春天，天气暖和了许多，看着明媚的阳光、蔚蓝的天空，我竟然有种想出去训练的渴望，这种感觉很少有过。

周二，教育科在礼堂组织了全所“春节联欢会”节目选拔，我们队推荐的节目顺利通过海选。回队后，我赶紧和王大队长商量为节目增设表演背景，希望经过认真的排练，能在春节联欢会上给一大队增光添彩。

周四，全队又进行了一次大调整，我被调到了七班。意外的是，我竟又成了岳队长的“兵”，正如值班员和我开的玩笑“你回娘家了”，这种感觉真好。

岳语箴言

春天来了，天堂河的春天格外美丽。

春天来了，这个春天不是天堂河的春天，是大志你心灵的春天。你开朗了起来，心情明媚了起来，前行的动力足起来。

你回来了，我代表大家欢迎你，希望回来的是一个更加有信心的大志，一个能将美好心情传递给大家的大志，让身边的人也快乐起来，开朗起来，乐观地面对挫折，更加勇敢地走在戒毒路上。

欢迎回家，期待已经成长的你能够影响和帮助更多的人。加油！

总结一周 **2018年2月10日**

这是春节前的最后一周。临近年关，似乎一切都变得匆忙起来。每年过节前，我都会有既期待又焦虑的情绪，今年这种情绪更加强烈，可能是因为快要回家了吧！

周四上午，教育科的赵科长拿着回访单，让通过评估的人员签字。我们充满了期待，谁会是最先回家的幸运者呢？

周四下午，全所“春节联欢会”如期举行，与往年一样，联欢会上有每个队选送的节目。我参与的节目有幸被选中。热闹的节目现场，让人感受到了浓浓的年味。演出结束后，我还收到了一份厚重的节日礼物，这份欣喜多少冲淡了节前渴望回家的那种焦虑。

周五，答案揭晓，阿伟在大家羡慕的目光中成为第一个幸运者。谁会是第二个、第三个幸运者呢？虽然心里早已做好了过完年再回家的准备，但我们还是在焦虑中等待。

其实，冷静下来细想，回家只是早晚的事，何必在乎节前节后呢？有什么理由焦虑呢？现实生活中，有些幸福唾手可得，我们却往往忽略它的存在，而用非正常的手段去寻找一些虚无的幸福，比如吸毒。这样来想，我忽然觉得自己豁然开朗。看来，人需要时刻保持一种自省状态，可以避免走情绪上的很多“弯路”。

岳语箴言

好事多磨！越是在这个时刻，越要学会沉下心来。前天听了你的生活规划，很是欣喜，对你充满了期待。加油！你能行！

一周总结 **2018 年 2 月 24 日**

连续七天的春节假期让冬训期间一直绷着的神经放松了下来，春节都过完了，我似乎还意犹未尽。

周四是节后第一个工作日。岳队长早早来到班里，组织我们开展了节后第一次班组戒治活动。对我来说，这次活动很特别，因为我是活动的主持人。

春节放假之前，岳队长就找过我，他打算把节后第一次班组戒治活动交由我来主持。岳队长这样安排，可能基于以下几方面的考虑：第一，我是一名“老队员”，曾多次参加这项活动。第二，主持这次活动，能够让我重温学过的戒治内容，并加深印象。第三，同为强戒人员，由同伴来引导，能引起共鸣，效果更好。我完全能够体会岳队长的良苦用心，所以欣然接受了任务并认真做了准备。然而，活动开始后，我发现自己控制不了活动的进程，幸好岳队长及时补救，才使不太活跃的班组讨论得以继续进行。

事后，岳队长和我一起分析了原因。我们发现，参与讨论的人员对问题的关注点与有专业背景的岳队长完全不同，容易陷入一种固定的思维模式。而作为主持人的我也不能从一个更开阔的视角看问题，引导大家冲破思维模式的局限。这次活动的主持给了我一个非常重要的启迪，那就是解决问题一定要从多角度出发，不局限于固有的思维模式，争取实现思维的跳跃性发展。

岳语箴言

作为主持人，你对于活动节奏把握得很好，但问题的引导方面还需改进，不过，总体来说还是很棒的，相信你也收获颇丰。当戒治活动的引导者，可以从一个新的角度体验戒治活动，收获不一样的感悟，更清晰地觉察“自动导航”的应对习惯和思维模式，这会对你的生活产生积极的影响。

一周总结　2018 年 3 月 4 日

过完年后，一切都回归正常。原本该踏踏实实地收心，投入正常的戒治生活中，可由于我们这些通过评估的人员解除强戒的时间不确定，队里在安排工作时对我们进行了“特殊安排”。如在三月的队列会操训练中，可能是为了便于临时调整，我们几个被单独编成一排，就像“临时”人员一般。我们几个人就在这种“若有若无”的状态中参与队里的各种集体活动，每天都在无能为力的等待中，无所事事，无聊透顶，于是，开始胡思乱想……

岳语箴言

看来这段时间太闲了，竟有时间发牢骚、道委屈。你记得吗？去年的这个时候，你还在为到期回家拼尽全力呢！记住：什么时候都要向前看，向前看！

任务来了，在接下来的时间，我会给你和其他预解除的人员安排课程，课程完成后，请你们写出收获和建议。

岳语初心

安排这几次课，是因为看到大志等预解除人员在通过评估后处于无目标状态，而这些人多数是原“远征”班组的老成员，当初“远征”班组未解散的时候，我有对他们进行戒毒技能培训的计划，但后来因班组的解散而未能开展。利用解除前的有限时间，给他们找一些事情来做，算是给“远征”的他们再送一程吧！因大队有总体的工作安排，活动的时间只能安排在晚饭以后的休息时段，即使利用的是自己的休息时间，能再送他们一程我觉得也是值得的。

一周总结 2018 年 3 月 11 日

忙碌似乎会加快时间的脚步，又是忙碌的一周，感觉时间“倏”的一下便过去了。

经过一个冬天的集训，周三，我们迎来了全所队列会操。结果不尽如人意，队列方面历来有优势的一大队竟然没能进入前三名。赛后我们进行了分析，大家认为不是自己没有努力，而是别人比我们更加努力，差距被大大缩短，优势大打折扣。看来，要想保持好成绩，任何一次训练都不能有丝毫的懈怠。还是通过下一次的会操来证明一大队的实力吧！对于自己来说，在出所后的“远征”路上也丝毫不能懈怠，继续努力吧！

一周总结 2018 年 3 月 18 日

本周，岳队长给我们几名通过评估的强戒人员专门上了课，我受益匪浅。

课上，大家对高危情景进行了更深入的分析和讨论，从“貌似无关的决定”导致复吸的可能性这个角度进行了思考。类似的讨论虽然之前有过，但是这次大家的心态发生了变化，少了很多之前的顾虑，口号式的观点少了，真实的想法多了。这可能源于心理压力的缓解吧！好几个人在发言时提到，回归社会以后，对“貌似无关的决定”导致的复吸不一定能够自我把控。我觉得这是大多数吸毒人员真实的心理反应。当然，戒毒的成功主要还在于个人的决心。

对于在复吸念头产生后是否愿意向他人或机构求助，直觉告诉我，求助的可能性不大，所以要想从根本上杜绝复吸，必须打消任何与复吸相关的念头。讨论中有些人刻意回避这个问题，我想可能也是认为复吸后很难向他人或机构求助。

在我看来，正是基于心态的不同，通过评估后我们讨论的戒治方案比戒期内的更真实、层次更深，这样的戒治方案更有助于戒毒的成功。

岳语箴言

大志，我认同你的观点。戒毒操守的保持如逆水行舟，不进则退，要牢记“初心”，守护“初心”！毒品的魔力就在于它能强化快感，让人欲罢不能。现在你清晰地知道毒品的危害，要有如履薄冰的心态，与毒品保持安全的距离。

加油！

一周总结　2018年3月25日

三月下旬，到处洋溢着春的气息，百花竞相开放。不过，也许是三个月来天天外出集训、“审美疲劳”之故，或者是因为归心似箭，无暇顾及其他，这个春天带给我的欣喜有限。比起各色鲜花的盛开，我更期待的是得到回家的消息。

本周，我有一个意外收获，就是用不到一周的时间看完了《明朝那些事儿》的第四、五两个部分，厚厚的两本书看完后，连我自己都有些不太相信。这两本书，我是逐字逐句细细品读的，并非走马观花似的大致浏览。去年，岳队长便想让我看这部书，只是苦于没借到，这次终于借过来了。由于担心我随时回家，岳队长让我先看写“王阳明”的部分。在我看来，历史事件枯燥纷繁，没想到作者可以写得如此精彩，古人似乎鲜活地走到了我的眼前。我一读起来便废寝忘食，欲罢不能，读完后感触颇深，受益匪浅。岳队长说过，我们要“知行合一”，在目标的引领下，不畏艰难，不忘初心，努力前行，这正与王阳明的思想一致。正因为有了书的陪伴，“等待”似乎不那么漫长与受煎熬了。感谢岳队长的推荐，回家后我一定要收藏此书。

本周，队里安排了两项活动：“观两会、促戒治”演讲和一大队“无打架违纪行为”两周年纪念。我要代表七班，对“无打架违纪行为”两周年发表自己的看法。这次发言对我来说具有特殊的意义。上台的一瞬间，所有的思绪如潮水般涌来，我一时竟不知该从何说起，变得语无伦次。其实，我有太多的感受想与大家分享。当初，“无打架违纪行为”周年纪念时，我刚来一大队不久，曾站上演讲台，此时，我又站上了同样的演讲台。在队长们的悉心帮助下，我努力适应戒毒的生活，即将回归社会，作为一名老戒员，怎会没有感慨呢？过往的记忆如同电影一般一幕一幕呈现在眼前。这应该是我在天堂河一大队的最后一次演讲了，我舍不得这里，但有生之年我又不愿再来这里……

岳语箴言

好事多磨，考验着你，挺住！你的演讲，大家都很认同，恭喜你！你做到了善始善终，好样的！

一周总结　**2018年4月8日**

归家的日期还未确定，甚是焦虑。“清明时节雨纷纷，路上行人欲断魂”，在伤感的节日氛围中，我的心情更加压抑。期待阳光早日重现，用温暖驱散我心中的忧郁。

清明假期的最后一天，大队又组织了一场家书分享朗读会，有六名强戒人员和大家分享了自己的家书。家书中有对家人的深深忏悔，每个人都陷入了沉思。我也想到了远在新疆的妈妈，近在身边却无法见到的妻儿，想起了不堪回首的过去……

岳语箴言

大志，抬起头向前看吧！我们只有这一条路。还记得尼克胡哲的话吗？“只要不放弃，希望永远在。”你掉进了自己设的陷阱。刚入所时，你期待的是两年后活着回家；适应强戒期生活后，你的目标是平安地回家；现在有了可以提前回家的结果，你却等不及了吗?!

与其这样在自己设的“情绪陷阱”里煎熬，不如当初便断了念想。相信道理你都懂，我也知道这是你长时间等待后的正常情绪反应，但我真心希望你能静下心来，该来的总会来的。家人也许比你更着急，但从他们那里我听到的全是安慰你的话。你的焦躁来自于

想早日回家、早日计划、早日回报，但路要一步一步走，急不来，静下心来，走出情绪的“阴霾”，迈出稳重冷静的步伐吧！

恕我直言不讳，请多包涵。

岳语回音

谢谢岳队长，我完全能理解您此时似乎有些“不通情理”的用心。在这种处境下产生的情绪我无法通过主观意志消除，但我会努力克制自己，以更积极的状态走好在强戒所的最后一段路。

岳语初心

2018年4月11日，大志提前解除强制隔离戒毒的决定下来了。当被告知这个好消息时，他先前已经平复了的心情仍然有抑制不住的激动。看他用颤抖的手握笔签完字，我知道他得独立面对“远征”的征程了。我庆幸他在即将离开天堂河前又经历了一次情绪上的波动，因为有我的陪伴，他可以更深刻地去体验这个过程。这样有助于他更好地面对今后复杂的生活，远离毒品。我相信大志一定会有一个崭新的人生。

通过一年多的戒毒治疗，我见证了大志的变化、成长，也在他的成长中成长。为在戒毒路上努力前行的人，为他们的家人，为我自己加油！

第二辑

梦醒天堂河

他是推着煎饼车走街串巷讨生活的小商贩。

他是吃苦耐劳创建企业的大老板。

他也是陪重病妻子进京手术却被强制戒毒的吸毒者。

从艰苦奋斗寻找人生价值，到醉生梦死沉迷毒品，从人生的高处跌入谷底，如同一场噩梦。

在天堂河，他从梦中醒来，梳理过往，反思人生，体味生活，重拾信心，鼓起勇气，为尊严、为家人、为幸福生活向毒瘾宣战。

引子

这个世界上只有一个人能使你真正感到沮丧、忧虑和愤怒，那个人就是你自己。

想拥有美好的未来，就必须把握现在，从今天开始，努力走正确的路。

恢复自信的有效方法：回忆过去成功的时刻。重温过去的成功时刻，我们会惊奇地发现，自己比想象中要勇敢得多。

上面三条语录是钢强在生活发生重大变故后的感悟，也是他在强戒所内学习之后思想上产生的质的飞跃，还是他内心积攒了足够的力量，做好了选择，从反思到行动走出的重要一步。

2017 年 2 月 3 日是春节假期后的第一个工作日。从 2016 年 12 月 21 日到 2017 年 2 月 3 日的 45 天时间里，强戒人员钢强发生了蜕变。对于钢强和他的家人来说，这既是痛苦的 45 天，又是收获的 45 天。

钢强，山西人，曾经是资产近亿的私营煤企老总，后来受毒品影响，变得自利、自傲、独断、霸道，亲友躲避，毒友、赌友围聚。

2017 年 12 月底，钢强来到我班，接受强制隔离戒毒两年的余期戒治。来后他第一次拨打亲情电话的情形让我印象深刻。电话中，他语气强硬、直截了当地让接听电话的妻子赶紧想办法把自己从强戒所里“捞”出去。妻子哭着告诉他：“大强（家人对他的称呼），为了让你在北京完成强制隔离戒毒，我愿意接受一切指责、不满，包括打骂。”电话中，妻子诉说着钢强以前吸毒、赌博的种种，家人对他健康状况的担忧和提心吊胆的生活。妻子对他说：“你在强戒所，我们心里倒踏实了，不再为你赌博担心，不再为你吸毒焦虑，也不再为你无故发飙恐惧，我们期待从前那个为家人遮风挡雨的大强回来。”

听着电话另一端的哭诉，看着面前脾气越来越暴躁的钢强，我知道他们需要尽快终止通话。于是，在我的劝说下，钢强提前挂断了电话。钢强曾强烈地表达要出所的意愿，我问他为什么想急着出去，他说他受不了戒毒的感受，受不了这里的纪律、生活，受不了寒风中的户外队列训练，更受不了这里的压抑。他说，自己既没有偷也没有抢，吸毒花的是自己的钱，并没有影响到社会上的其他人，为什么要戒毒？这样的状况自己不能接受也不能理解。眼前的钢强说话语速很快，宣泄着他的不满，我不能将这样的钢强与这十天里谨慎、努力的新戒员钢强“对上号”。看钢强如此激动，我让他先回班，以平复自己的心情。来到办公室，我翻看着钢强的周总结，过往的一幕幕在我的眼前掠过。

训练体会 **2016 年 12 月 22 日**

我是一大队强戒人员钢强，因吸食毒品被强制隔离戒毒两年，于 2016 年 12 月转入天堂河强制隔离戒毒所接受戒毒治疗。

今天是来到强戒所的第二天，我心情特别沮丧。早饭后，我第一次到操场上进行队列训练。寒风中的室外训练，让我的心情跌落到谷底。面对这样的生活，我不知道自己能坚持多久。

岳队长带领我们这些新入所人员在操场进行训练。训练前，先由李大队长带领其他人员向我们展示队列、广播操训练成果，要求我们认真看、明标准。看到他们步伐整齐、姿势挺拔，我压力倍增，但心头也有一种震撼感！

队列展示完毕，岳队长指挥我们这个由 24 名新入所人员组成的新班排成三排，并调整好间距。示范了标准站姿后，他边检查纠正站姿边对我们说：“训练是苦，但想想亲人因我们吸毒有多痛苦就不觉得苦了；训练是累，但想想亲人是如何被自己所累就不觉得累了；训练是冷，但想想家人心里的凄凉就不觉得冷了。吃点苦、受点累、挨点冻，我们的心也许就会好受一些。”一番话迅速拉近了我们和他的距离，甚至还产生了一丝可亲的感觉！

“现在我们已经按照站姿的标准站了 15 分钟，还有 5 分钟，坚持一下就胜利了。刚才我们看了老强戒人员的展示，我想大家可能会有一种遥远的距离感，但事实上他们的起步和我们一样，只要积极对待、认真练习，一定能达到那样的效果，甚至可能会做得更好。”岳队长不停地鼓励我们。在队长耐心的示范、讲解和纠正中，我们很顺利地完成了训练。我由衷地感谢李大队长、岳队长的关心和教育。

一周总结　2016年12月25日

今天是来到天堂河强制隔离戒毒所的第五天。记得刚转入所的第一天，非常失落和沮丧，一想到今后两年漫长的戒毒生活，心中无比惆怅……

第二天，新入所人员被岳队长、李大队长带到操场训练，满心以为艰难的岁月就此开始，经过一天的训练，却发现事实比我想象的好很多。队长认真、耐心、仔细的态度，人性化的管理方式，让我产生了一种很踏实的感觉。暖心的岳队长在训练中和强戒人员们近距离沟通，他用朴实的语言，从我们能接受的角度阐述了训练的必要性，我心目中训练的“强迫性”色彩因此淡化，甚至有主动面对寒风中队列训练的勇气了。是该静下心来积极戒毒了。我想回到从前，做一个对家庭和社会有用的人！

岳语箴言

我相信你的承诺，愿意与关心你的亲人一起见证你的变化。你的一举一动牵动了很多亲朋好友的心。吸毒时，他们被你伤害，还为你担心。想想那些眼里满是无助、委屈的亲人，今天的你需要鼓起勇气，用对亲人负责的心态面对强戒的生活，寻找改变的契机。期待你会有新的变化！

加油！

班会感想 2016年12月27日

昨天，岳队长在我们一班组织了班会，下面是我对班会上所讨论问题的理解。

1. 对强制隔离戒毒所的认识。

学习讨论后我重新认识了强制隔离戒毒所。强制隔离戒毒所是政府为因吸食毒品而失去自控能力的成瘾者所设立的规范、科学、人性化的专业戒毒场所。两年的戒期符合成瘾者的身心康复规律，是一种恰当的时间安排。

2. 个人对自己在强戒所的适应情况打分。

在我看来，对于在强戒所的适应情况，如果以十分为满分，第一天我只能得一分，第七天能得六分。第一天，我对强戒所的生活环境、纪律要求、管理方法等都不习惯。而一周之后，我的态度发生了变化，在心里接纳了这个环境。我的毛病很多，包括随意、散漫等，但起初并不自知。队长们的谆谆教导让我慢慢意识到了自己身上的问题。

通过这次班会，我对强戒所有了更进一步的了解，戒掉毒瘾的信心大大增强。感谢岳队长以包容、真诚的心态与我进行的近距离沟通，相信这两年的强戒生活不会如想象中那般苦闷、难熬。

岳语箴言

两年的强戒期对个体的影响是巨大且深远的。如你所说，原先的生活习惯与戒毒所内的纪律要求会有碰撞，这加剧了大家对戒毒生活的抵触情绪。今天的班会即是帮助大家加深对强戒生活的认知，也是给大家一个宣泄的出口，一个表达不满和发牢骚的机会。你表达了对两年强戒期的不理解，希望缩短强戒期；你原本是陪妻子来北京治疗脑病的，却因吸毒被强戒，让妻子遭受了惊吓，在班会上，你表达了自己对妻子深深的愧疚。今天我看到了你戒毒的信心，你的变化是我们希望和期待看到的，相信你的亲人会和我们一样愿意看到你的成长、进步。

加油！希望你今后的生活每一步都走得扎实有力。

总结一周 **2016年12月30日**

来到天堂河强制隔离戒毒所两周了，今天是周六，今年的最后一个周末。这周过得很充实：学习了很多知识，锻炼了身体，增强了自我认知，端正了生活态度。

今天下午，我们全体戒员参加了节日安全教育和年终总结大会。开会期间，队长播放了其他大队中因生活琐事而发生的违纪视频，有的因开关窗户而争吵打架，有的因打呼噜而拳脚相向，还有的因开低俗玩笑而发生矛盾，这一幕幕似曾相识的画面，让我羞愧难当，自己当初何尝不是如此呢？这些行为充分说明我们吸毒人员自控能力的欠缺和自我认知的浅薄，体现了我们对事物认知的偏激以及易怒、扭曲的心理状态。

这堂集体教育课增强了我的自我约束意识。我们应该改变自己的不良习惯，凡事三思而后行，热爱集体、团结互助，使自己的身心慢慢地健康起来。

岁末年终，岳队长让我们想想怎样迎接新的一年，思考在新的一年如何改变自己，规划自己。

在与岳队长又一次进行沟通后，我们戒除毒瘾的信心更加坚定了，他的言行在潜移默化中改变我们的思维方式，净化我们的心灵，让我们早日除去满身的灰尘，重新塑造一个崭新的自我，向一个健健康康的自我蜕变。

岳语箴言

能意识到上面画线部分的问题，说明你已经能静下心来审视自己了。你说得对。生活中的不堪表现会让人远离我们，朋友越来越少，成瘾的人都会有这样的感受和体验。毒品特别是新型毒品，会直接损害脑功能，让吸食者更多地考虑自己而忽略他人的感受，变得多疑、易激惹，对于这样的人，敬而远之也是人之常情。

今天带你打完电话后，我们进行了一些沟通。你说一拿起电话，委屈、无助、恐惧等情绪便一起涌上心头，使你迫切地想要离开这里。你很自责，说自己忽略了妻子手术后正在调养、恢复身体，不该让她陪你着急，忍受你的指责。对照上面画线部分的语句，我想戳戳你的心，想想自己与这些人是否有很多相似的地方，不良的情绪因何而来。

2017**年，你应该设法解决这些问题，并给自己确定具体可行的目标和量化的任务清单。**

岳语初心

钢强来天堂河后与亲人的第一通电话在不愉快中结束。他的变化让人感觉很突然。经过先前两周的接触，钢强已在大家心目中留下了良好的印象，他在与亲人电话沟通时却产生了过激的言行。这种不自控的状态正是毒品危害性的表现，刚好能够让他看到自己的问题所在，于是我拿笔写下自己的感受，并请他来一起分享。

进来的时候，能够看出他的心绪已经平复，他主动向我道歉："岳队长，今天我失态了，不该发脾气，那样对老婆说话，让她着急担心，也不该让您担心，对不起。"我告诉他："今天正想就这件事与你进行交流，知道你现在已经冷静下来了，这是一个良好的沟通基础。还记得你写在周记中的感受吗?”让他看了自己的周记和我的评语后，他沉默了。

我对他说：“人吸食冰毒后就会有这种现象，很多强戒人员都曾和我聊过这样的感受，他们说每次发完火平静下来后都很后悔，我知道你也很后悔自己的过激言行，但除了后悔，我们更需清楚这种现象背后的原因所在——这是吸食毒品所致。只要不再吸食毒品，这种亲者痛仇者快的情况便不会发生。不要难过，向前看，把握问题的本质，追究问题的根源，便不会有这样的遗憾了。”

他激动地说：“谢谢您及时终止了我和老婆的通话，正是看到您担心的眼神后，我才意识到自己的问题，并渐渐地平静了下来。感谢您对我的周记的点评，感谢您对我的无私帮助，我一定听您的话，好好改造自己。”

“要感谢家人，感谢强戒生活，感谢自己的努力。

想要生活稳定，就需要培养守纪的底线意识。

改变唯我独尊的自我意识，勇于承担责任，不为自己的罪责开脱。

接纳自己的过去，面对真实的自己，设定目标，并扎扎实实地去做。”

这是钢强记录在自己周记本上的内容，也是我与班组强戒人员进行戒治讨论后取得的共识。看到这些内容的时候，我知道钢强已经接纳自己的过去，并加入了我们这个“远征”团队。我相信他会正视戒治的环境，并努力尝试改变自己。

活动感想

2017 年 1 月 4 日

今天是我来到天堂河强戒所的第十五天，身心已在这个特殊的军营、特殊的学校中慢慢适应。我逐渐了解并接纳了身边的人。能和一大队一班的其他 11 名强戒人员一起戒毒，我想也是老天给我们的特殊缘分吧！我很庆幸，在自己最失落的时候，遇到了耐心细致、认真负责、平易近人、可亲可敬的岳队长。

今天上午，岳队长来到我们班，耐心地教了我们几种情绪疗法：①按钮法；②逆向动力法；③挂钩法。我真切地感受到了他的专业与用心。我们这些吸毒人员心理状态通常不稳定，多疑易怒，自以为是，情绪多变且不受控制，与他人相处很容易发生矛盾，这些方法可以帮助我们有效调整情绪。岳队长想他人所想，努力抚平我们的心理创伤，让我们接纳不完美的自己和一起与毒品战斗的战友，我们每个强戒人员都心存感激。我们互相鼓励，相互扶持，共同进步，相信我们能成功戒毒，恢复正常的社会生活，走上健康的人生之路！

岳语箴言

我愿意见证你的进步和改变。我知道你的生活有过满足、幸福，也有过灰暗、迷茫，这次的强戒经历会丰富你的人生阅历。毒品曾

给你带来一时的刺激和兴奋，但它对你的人生、事业和家庭的伤害是毁灭性的，记住今天这痛过之后的感受，珍惜当下，珍惜拥有，珍惜亲情，回归家庭和社会后不忘初心，健康生活。

总结一周

2017年1月8日

今天是新年伊始的第一个周末，一个和谐、特殊的周末。

来所至今，短短的19天里，我的生活已经发生了实实在在的改变。在队长无微不至的关怀下，我的情绪慢慢地平静了下来，我想这里的每个强戒人员都会有这样的感受。

值得一提的是元旦早晨举行的升旗仪式，它唤醒了我的集体荣誉感，增强了我的信心，让我的责任感油然而生。

早晨起床后，队长组织我们按时有序地进入场地。伴着激昂的进行曲，我们看见国旗手们踏着整齐的步伐来到旗杆下。升旗仪式正式开始后，我们共同唱起国歌，鲜艳的国旗在我们的注目下徐徐升起。虽然以前也参加过升旗仪式，但我的态度都不似这般认真积极，心潮也没有如此澎湃。在庄严肃穆的氛围下，我暗暗下定决心：一定要告别过去那不堪回首的生活，早日回家。我不能再失去自我，要用新的自我体现生命的价值，以实际行动来树立自尊，做一个对家庭有担当、对社会有责任感的健康人。

我想，2017年1月1日早上的升旗仪式应该会是我人生旅程中一道有魅力的风景线。

岳语箴言

有这些感觉真好！好好努力，改变自身的形象，让过去的灰暗都留在2016年，并给它画上一个句号吧！美好崭新的一年，妻儿都在等你，好好生活吧！

总结一周 **2017 年 1 月 15 日**

来到天堂河强制隔离戒毒所已经三个多星期了，每天的日常生活节奏我已经基本适应。现在唯一让我感觉有压力和困难的是戒毒规范的记忆和背诵。从小，记忆和背诵便是我最头疼的事情，大人们总认为我不用心、不认真，其实我已经使出了吃奶的劲，效果却总是不好。为此，我现在经常和其他强戒人员交流记忆和背诵的技巧。都说好记性不如烂笔头，我不怕别人笑话，为记住戒毒规范，采用了边抄边背的笨方法。我想，只要我坚持下去，总有一天会成功的。

本周还有一件让我印象深刻的事。岳队长发给我们一份学习资料，里面介绍了费斯汀格法则。学习后，我感到这个法则真实地作用于我们每个吸毒人员。人都会遭遇困难和挫折，如果在逆境中我们能正视自己，拥有积极乐观的生活态度，一定能克服困难，走出逆境。遭遇不幸，我们要学会面对、接受、处理、放下！岳队长告诉我们，在情绪激动的时候一定要让自己平静下来，避免因不能自控而造成不可挽回的后果。

庆幸拥有岳队长这个良师益友，他的教导让我受益匪浅。“恨能挑起争端，爱会化解一切过错”，学习资料中的这句话让我领悟深刻，相信它能让我一生受用。

岳语箴言

好！有这种韧劲，就一定能成功。“愚公移山”的故事你一定不陌生，愚公移山的精神值得我们学习，我们要有面对困难不懈努力的勇气和品质，这是戒毒成功的要件。为你点赞！

谢谢你的鼓励，分享费斯汀格法则的时候，我感受到了大家的关注。我们这个由13名强戒人员组成的“远征”团队成立前后，出现过一些不愉快，这些不愉快甚至发展成了相互指责、冷战，虽然最终都得以化解，但还是伤害了感情，这样的情形是需要避免的。

不要以为我说得过于严重，还记得元旦前大队给我们放的违纪视频吗？很多严重违纪行为都始于琐事，这是费斯汀格法则中事态向不良结果演绎的体现。我们来强戒所是为了戒除毒瘾，为了达到这个目的，我们需要将劲往一处使，敞开心扉，一起分享、讨论戒毒方法，寻找适合的戒治支持，创造良好的戒治环境！让我们愉快地一起前行吧！

一周总结 2017年1月22日

新春即将来临，将在这个特殊的环境里过新年，是我怎么也想不到的，心里总有一种异样的感觉。

不知不觉中，我已经在天堂河强制隔离戒毒所度过了33天。伴随着节庆活动的筹备，新年的气氛越来越浓郁，虽然不能与思念的亲人一起团聚，但可以借此机会静下心来重新认识自己，及时净化自己的心灵，因此心里也没有太多的遗憾。

为了让每个强戒人员尽快地融入戒毒大家庭，大队特意布置了一项情景剧表演的任务，让我们每个班都编排一个节目，要求每个成员都积极参与。情景剧的主题是“向违纪问题说‘不’”。

星期五，我们大队全体人员来到教学楼多功能厅，以班为单位，戒友们用心表演了节目。我自我感觉良好，认为我们一班的节目演得最棒。在排练节目的过程中，我感触最深的是发现每名强戒人员都有了集体意识，能团结一致、互相鼓励、真情互动。虽然没有太多跌宕起伏的情节，但各个班的情景剧都演绎出了真情实感。

这次情景剧表演活动让我收获颇多：第一，我们要摆正心态，认清自我，接纳自己，与人为善；第二，遵守戒毒制度和规范，坚守底线；第三，严格自律，约束自己的言行，保证集体生活的正常有序。相互鼓励、同心协力、共同进步的健康戒毒环境需要由大家共同来创造，在这样的良好环境下，我们一定能成功戒毒。

岳语箴言

这是我们每个人共同的心声，也是亲人每天的祈祷，更需要大家进行自我鞭策。新春快乐！

一周总结 2017年2月2日

春节一天天临近，年味越来越浓。虽然将身处异地迎接新年，但我们每个强戒人员仍能感到家的温暖，因为大队的民警给我们营造了很好的节日气氛。

八天的节日活动让我们充满了期待。大队为每个班都配发了小挂件、窗花、剪纸等，红彤彤的灯笼象征着我们的生活将红红火火；自办联欢会上，每个强戒人员脸上都洋溢着笑容，屏幕中播放着我们平日里的照片，再现了有条不紊的生活……我们已经做好了迎接新的一年的准备。

大年三十晚上，突然想起这天是我的生日，不禁心生感慨。回想自己荒唐、颓废的过去，心中懊悔不已。庆幸这次的强制隔离戒毒惊醒了浑浑噩噩的我，让我能冷静地看待过去，并下定了改变自己的决心。感谢政府为我们创造了这么优越的戒毒环境，配备了这么多先进的戒毒设备，加上队长们贴心的关怀和教育，我们的身心在这里得到了全面的修复。如果用两年的付出，能够换回后半辈子的幸福，我觉得太值了！我一定加油，用心戒毒，不辜负政府、领导、队长们的期望！

岳语箴言

这段感悟是你给自己最好的生日礼物，也是你给母亲最好的礼物。你出生在这个特别的日子，你的重生也始于这个日子。为你坚定戒毒的信心高兴，请你珍惜自己，珍惜当下，为了自己幸福的人生坚持戒毒。生日快乐！

一周总结　2017年2月12日

这一周感觉过得挺快，也很有意义，我收获不少。

春节刚过，马上就要进行队列会操比赛，这是我们来到这里后第一次参加队列比赛。大家精神上都有点压力，但我们的责任感也增强了。

这几天，天公好像也不太作美，北风呼啸，温度陡降，感觉比数九寒天还冷。不过这也给了我们锻炼自己的机会，我知道只有艰苦的条件和环境才能磨炼一个人的意志力。想起过往的煎熬、与亲人分离的痛苦、朋友的离去、失去自由的沮丧，我暗自下定决心，一定要好好地改造自己，培养良好的生活习惯和自我调控能力，回家后安稳地生活。

这周，岳队长组织我们讨论了幸福的话题，期间让我们看了两个视频短片。短片的内容发人深省。

短片中的一位主人公叫尼克胡哲，他天生没有四肢，但他的生活并没有因此失去光彩。视频中，他既讲述了自己的坎坷经历，又表达了对生活的向往和追求。他说，人跌倒了不能怕疼，更不要放弃，只要不放弃，希望永远在，努力站起来，就会取得成功。

短片的另一位主人公是一名叫习晴的四川女孩。她自强、自立、乐观，从容地面对生活中的磨难，从不轻言放弃，最终获得了他人的认可与尊重。

上面两位主人公对生活的乐观态度和面对挫折不屈不挠的精神深深地感动了我，激励着我勇往直前。生活需要这样去拼搏，我一定努力，不轻言放弃！

岳语箴言

我们曾经的生活因被毒品侵蚀而黯淡无光，毒品让我们在亲友面前失去了诚信，甚至让我们忘记了自己曾经拥有的自信和尊严。吸食毒品过程中心里产生的纠结、凄苦没有人能够理解，一次又一次不想再吸食毒品，却一次又一次屈服于毒品的诱惑，在它面前承认自己的懦弱，那种挫败感、无助感深入骨髓，以至于慢慢形成了习得性的无助状态，放弃了健康的生活。今天我们终于知道，只要不放弃，希望永远在。大强，榜样、目标、计划都不缺，只剩大踏步前进了。加油！

戒毒路上我们多沟通。

一周总结　2017年2月19日

经过全体强戒人员的努力，在周一的队列会操比赛中，我们一大队获得了第一名。在我看来，这结果不出所料，因为我们一大队非常团结，大家在训练中相互配合、齐心协力，劲往一处使，当然，这也离不开队长用心的付出。感谢队长让我们在训练中体验了健康有益的戒治生活，我将努力过好今后的每一天。

周二，岳队长在班会上带领我们进行了一项游戏活动。他让大家将一张白纸折出了32个小方块，每个小方块代表5年时间，一共160年，要求我们在每个小方块中写出不同年龄段记忆最深刻、最有意义的事或者做出总结。这勾起了我很多回忆，从茫然无知的童年，到懵懂的少年，我无所作为，浪费了宝贵的青春年华。青年时期我曾刻苦努力，人到中年却经历了坎坷，品尝了人生的酸甜苦辣。我有过快乐的童年，有过辉煌的成就，也有过失败和落魄。四十多年恍然已逝，还有多少时间我能把握？想到这里，我猛然一惊。人这一生能有多少个5年？掐头去尾，我能控制的时间已经不多了。这个游戏虽然简单，却能让我直面自己的人生。我深有感触，感谢队长，在不经意间唤起了我灵魂深处的良知，我的身心又一次得到了净化。

今后的日子里，我一定会脚踏实地地一步一步往前走，珍惜拥有，努力前行。

岳语箴言

大强，你有很多优秀品质，有很强的责任感和使命感，从你的生活经历来看，你应该不缺乏担当。可是现在的你似乎在刻意回避与家人沟通，也许是我多虑了，但如果真是这样，家人会认为你还停留在强戒前的状态，不了解你现在的改变，因此生活在无望、恐惧中。人生难免遇到各种问题，这时要积极面对，寻求解决问题的方法，而不是绕道避开。我期待你有更多的担当，让你的家人生活在希望里。不要再虚度光阴了，努力吧！

感活想动 2017年2月16日

今天是周四，岳队长又给我们上了生动的一课。课堂上，他让我们就下面的问题进行了讨论：

① 我的存在对亲人们有什么意义？

② 我希望后代如何评价自己？

③ 我希望给后代留下什么有价值的东西？

④ 假设生命仅剩最后一年，我最想做的事情是什么？

对这些问题，大家畅所欲言，展开了热烈的讨论，道出了自己的肺腑之言。大志的发言比较深刻，耐人寻味，他提到了爱的存在和爱的意义，把大家的话匣子一下子打开了。这几个人生话题也让我思绪万千，勾起了我对往事的回忆，对当日的无知愚昧我后悔莫及，幸亏来这里戒治，让我重新找到了自己，恢复了正常的心态，对未来的生活充满了希望。

岳队长的这堂心理健康教育课我收获颇丰，再次感谢岳队长的帮助和指导！

岳语箴言

我对你们很有信心，通过活动更是感受到了你们决心改变的力量，让我们一起收获与成长吧！人都是愿意往高处走的，只要看清

楚了问题，我相信都会树立戒毒的信心。

很多人经历过多次戒毒失败的痛苦，于是认为目标遥不可及，产生“自己做不到”的挫败感，这时，曾经的伤痛就会被无奈和习得性无助取代。我鼓励大家用文字将戒治活动的感触记录下来，分享自己的心得，启发大家思考，就是希望从中不断地挖掘出改变自我的内在驱动力。我希望你能够经常看一看自己记录下来的文字材料，回顾自己的心路历程，让它在自己的心里留下深深的烙印，形成自动化的唤醒机制。这样，当我们再次处于危险的情境时，才有拒绝的勇气和动力。加油，大强！

岳语初心

在戒治感想与体会的分享中，我注意到了钢强由量变到质变的过程，于是直白地向他表达了我的感受，让他认识到自己的问题所在，并采取有效的行动。我与很多成瘾人员交流过，发现那些已经意识到成瘾的危害和有戒毒想法的人，却没能成功戒毒，是因为他们认为戒毒仅仅是自己的事，而缺乏与家人的深入、充分沟通。他们没有让家人了解自己的想法和在戒毒过程中遭受的煎熬和痛苦，没有主动邀请家人对戒毒过程进行监督，没有与家人一起制订高危情况的应对方案。在一定的条件下，曾经下过的决心、做过的承诺被抛诸脑后，他们陷入从偶吸到复吸的恶性循环。

进行折纸游戏的目的是认识生命的价值，引导他们在游戏中思考生存的意义，同时我还想传递给他们一种急迫感，让他们意识到“时不我待”，及时建立自我修复系统。另外，寻找合适的途径，让亲人们打消顾虑，了解强戒人员的想法并提供支持。

钢强的戒毒动机比较强烈，有长期坚持的意愿，可这只是基础。要想摆脱毒品的控制，仅有稳定的生活是不够的，还需要强有力的保障和支持。钢强强戒前的强势、暴躁给家人造成了很大的伤害，这从他第一次与家人的电话沟通中便可以体现出来。通过与钢强的交流，我知道他对自己当初的言行懊悔不已。每次打完亲情电话后，对于我的询问，钢强仅以家人对自己很放心等寥寥数语来应付。

看到钢强在活动中的表现，我知道他有了积极戒毒的良好心态。他说自己的良知已被唤醒，身心已被净化。我就存在的问题与他进行深入的交流后，他主动要求与家人联系。于是，我带着他打通了电话。听着他们心平气和的交流，我相信他与家人的隔阂不久后便会消除。

打完电话后，他对我说："之前，我一直在与自己反复做斗争，没有勇气拨通家人的电话，春节前，这种斗争对我来说更是煎熬。在您的开导下，我终于鼓起勇气打通了家人的电话。家人对我没有指责，只有关心，知道我想改变自己的想法后，我甚至能够感觉到他们的惊喜和激动，他们说我真的变了，让人难以置信。我心里的一块石头终于落下来了，我相信自己能解决好成瘾问题。我已经约了家人来队会见，很期待能够看到他们。"

总结一周 **2017 年 2 月 26 日**

这是充实的一周、开心的一周、励志的一周。周五，大队安排我们与预约的家属会见，大家在接待大厅兴高采烈地与家人团聚在一起，诉说着相思之苦。我相信这样两句话："人是会改变的""因为艰难，所以坚持"。吸毒之人先被自己打败，然后才被毒品控制；戒毒之人先战胜自己，然后战胜毒品。希望我们每个戒员都勤奋努力，尽早回归社会，拥抱美好的明天！

周四，队长召集大家开了一次队会，会议的主要内容是管理好班级的卫生。在最近的一次卫生评比中，我们班获得了"优秀班级"的光荣称号，大队允许我们班"卫生免检一周"，这是从来没有过的殊荣，大队还组织其他班级对我们班进行了参观。我们班的每个成员都非常自豪，同时更加自信，集体生活使我们摒弃了自私，学会了相互关心、团结友爱、与人和谐相处，增强了我们的集体荣誉感，带给我们不一样的幸福感。

我们的戒治生活还很漫长，今后的日子里，我们将在岳队长的引领下，从集体生活中汲取力量和智慧，不断认识自我、完善自我、超越自我。

队里安排每天下午六点半看新闻，以前的我不太喜欢看，现在却特别喜欢，因为看新闻能及时了解很多国家的政策和方针。规律的作息，开心的生活，让人感觉时间过得很快。让我们一起开心地迎接新的一周开始吧！

岳语箴言

大强，现在的你充满了正能量。期待你在集体生活中有不一样的感受。身处友爱互助的团队，会让人有归属感。共同努力后获得的成绩会激发人的自豪感。一个人再强大也比不过一个有凝聚力的团队；一个人再有力量，也离不开团队的支持。期待你能抵抗毒品的诱惑，为社会做出贡献；期待你能成功戒毒，给自己一个施展才华的机会。

很多成瘾人员说无聊、空虚感是复吸的导火索，而你对所内看似单调的生活不仅没有感到无聊，反而充满了期待，甚至还有些许成就感，你知道这是为什么吗？

大家普遍认为吸毒前的生活是充实、美好、忙碌的，很少有无聊、空虚感，你知道为什么会这样吗？

一周总结 **2017 年 3 月 5 日**

流动的小红旗到了我们班，这是我们这个集体的荣誉。今天的勤奋努力，是为了明天能更好地生活。我相信只要心中充满希望，美好的明天一定属于我们。我们要不忘来到这里的初心（戒毒），相信自己，共同努力，争取早日成功戒治，取得家人、朋友、社会的信任。戒毒康复之路漫漫，让我们一起来坚守，一起来加油！

周三，来自双河强戒所的一位冯姓老师给我们上了一堂课。冯老师和蔼可亲、平易近人，上的课生动有趣。她告诉我们，法律是国家认可并由强制力保障实施的行为规范，法律面前人人平等。她还讲了禁毒法的相关内容。冯老师的这堂课让我们对禁毒的相关法律内容更加熟悉，加强了我们对毒品的认知，提高了我们的戒治能力，增强了戒毒的信心。冯老师说，字写错了可以擦掉重写，画画错了可以撕掉重画，但人生不能重来！她还说，毒瘾难戒，但是一定能戒。她说的这些话让我印象深刻。感谢冯老师，希望今后还能有机会再次聆听她的教导。

岳语箴言

从不同的角度理解法律会有不一样的感受，法律是人人必须遵守的规范，也是用来保护人的规范。人生不能重来，但我们可以走好后面的路，让自己未来的人生没有遗憾。

一周总结 **2017 年 3 月 12 日**

“一年有 365 个日出，我送你 365 个祝福，时钟每天转了 1440 圈……”，这首歌诠释出了生活的幸福，演绎出了人生的快乐。这周的星期五，幸福和快乐降临到了我们一大队。一年来，队内的强戒人员和谐友爱、团结互助，我们的节点性目标达到了。它来之不易，是我们全体成员共同努力的结果，也是对教导我们的民警真情付出的回报。为此，大队举办了主题为“和谐有我　共同戒毒”的演讲比赛，以肯定和鼓励我们一大队强戒人员在戒期内的良好表现。演讲会上，大家谈过去、说现在、想未来，畅所欲言，为今后的和谐共处出谋划策。“团结互助，扬帆起航”是一大队的队训，它将指引着我们每个强戒人员拥抱美好的明天。

近期我们班成员们晋级后的采买处遇问题成为关注的焦点。好在这一问题很快得到了解决，“远征”团队整体从隔离观察期调整为身心康复期，我们向成功戒治又迈进了一步。我为一个战壕里战斗的战友们加油点赞，希望我们今后继续一起并肩作战，战胜毒魔，迈向新生，早日和亲人团聚！

岳语箴言

目标一步步实现，人就有了努力做下去的动力。我们的“和谐、

友爱 365 天无打架违纪”活动目标，正是戒毒康复总目标下的一个小目标，努力达到它，会给自己和家人带来惊喜。阶段性目标实现得越多越好，我们的惊喜和期待也将越来越多。

一周总结

2017年3月19日

这一周连续几天晴空万里，阳光明媚，春意浓浓。每天清晨列队出早操，都能看到院子里的小湖，湖边绿草茵茵，花儿向我们微笑招手。春天真美！

早上按部就班地整理卫生，忙完后，我望着窗外的草坪、假山发呆。忽然两只喜鹊飞了过来，落在窗前的梧桐树上，它们来回跳动着，好像在寻找什么。过了一会儿，它们飞到一个废弃的鸟巢上，叼起一根树枝转身飞走了。它们应该是在共筑爱巢吧？多么温馨的一幕啊！我心中顿时浮现出了家人的身影，不知道他们近况如何。

这周所里安排我们进行考试。考试那天早上，大家列队来到教室，按照队长的口令有序就座。试卷发下来后，我大致浏览了题目，发现对好多题目都很陌生，顿时紧张起来。我发现教室里也有骚动，看来大家都和我有同样的感受。这时，田队长耐心地安慰我们，不管怎么样，大家都别慌，静下心来仔细审题，努力发挥出正常的水平。于是，我们纷纷定下心来，进入答题状态。交卷铃响，我们都顺利地完成了试卷。从紧张慌乱到沉着有序，一切都得以顺利进行。

以前多次想戒毒，但多次不受控地复吸，我想是因为自己没有冷静对待。静心是强戒人员找到人生新方向的“钥匙”。戒毒康复长路漫漫，希望我们班的战友们共同努力，迎来美好的明天。

岳语箴言

我给你画了一个微笑的太阳，洒一些阳光，传递些力量。为你的悟性和积极的生活态度而感动。慌乱、无序是产生习得性无助的开始，冷静、思考、规划是解决问题的法宝，我很受启发。加油！生活中有很多的美好，在毒品中沉迷的你却忘了去观察，失去了体味的能力。如今你又找回了这些美好的体验，好好珍藏这些体验，感受这可爱的世界吧！

总结一周 **2017 年 3 月 26 日**

一个曾经做过错事的男人，一旦有了新的人生目标，他便将拥有新的希望、新的动力。这是特殊的一周，我的肩上又担负起了一份责任。

周一，我在大队得到一个看护值班的岗位，这是一个特殊的岗位，要有责任感、有担当、有耐心，不仅包含了队长对我的信任，而且是对我的责任心的考验。我要努力做好这份工作，向队长展示这几个月的戒治效果，检验自己的意志力和责任心。

我因为好奇心和虚荣心沾染上毒品，祸害了自己与家人，慢慢变得连自己都不认识自己……浪子回头金不换，我要用剩余的生命塑造一个健康的自我，重新来过。

岳语箴言

你是能够胜任这项工作的，因为你对自己提出了要求，希望借此机会找回你的自信，找回从前那个有责任心的你。

正如你所说，这是一个考验责任心的岗位。你的看护对象因为吸毒饱受身心煎熬，甚至威胁到自己的生命安全，因此这个岗位责任重大。

大强，你要像对待亲人一样照顾他，也希望你能看到走出 50 步的你和走到 99 步的他之间的关联和区别，好好珍惜自己能拥有的生活。

一周总结

2017 年 4 月 2 日

这周过得真快，来到天堂河已有一百多天了。我发现自己的生活渐渐充实了起来，每天根本无暇顾及那些不开心的事情，在夜与昼的交替中，时间悄然流逝。自己慢慢有了责任感，有了担当，并且逐渐成为一种习惯，满足感、成就感油然而生。

在这两年里，我要重新学会生活，重新认识自己，重新塑造自我。

这周连续收到了几封家里的来信。先是儿子的来信，他告诉我自己找到了一份工作，现在正在实习，还说等实习满两个月后会得到一笔实习工资，他将用这笔工资给我买两条烟寄过来。哈哈，这个可爱、有孝心的孩子不知道我在这里戒毒是先从戒烟开始的，我已经不吸烟了，这个傻儿子，字里行间透出憨厚淳朴。读了他的来信，我心里暖暖的，感到特别欣慰，儿子长大了。没想到的是，我的四姐和外甥女也来信了，原本我与她们的沟通特别少。她们的鼓励对我有很大的触动。

过去不等于未来，不论过去怎样，只要调整心态、明确目标，我想我的人生一定会有一个新的开始。

岳语箴言

你醒了，让人心生无限期待。我看到那个感情细腻、有担当、有责任感的大强回来了！这几封来信让你找回了曾经忽略的美好，这样的生活是不是很安心、很有满足感？儿子长大了会结婚，会拥有充满希望的下一代，想想自己能够给他们留下些什么？儿孙绕膝的天伦之乐，不比吸食毒品快乐百倍千倍吗？珍惜当下、珍惜拥有、珍惜这美好的憧憬吧！加油！

节日总结 2017年4月6日

“清明时节雨纷纷，路上行人欲断魂”。今天是中国的传统节日——清明节，我在戒毒所这个特殊的地方遥寄自己对亲人的思念之情。

假期，大队举办了以“春的畅想”为主题的节日活动。每个班都表演了精心准备的节目，给大家送上了欢乐。我们还观看了电视综艺节目《朗读者》，里面讲述了很多名人的励志故事，包括“童话大王”郑渊洁。他童年的时候很顽皮，早早便辍学了，后由父亲亲自教育。在父亲的精心培育下，他成长为知名作家。他曾给父亲写过一首名为“父与子”的诗，表达了对父亲的爱和感恩，这让我感受颇深。节目中还讲述了一个放弃富裕生活的志愿者投身于贫困乡村建设的故事，虽然已记不清他的名字，但我由衷地敬佩这样的人，希望自己将来能继续以前从事过的慈善事业。

一周总结　2017年4月9日

本周，队长布置了一项作业，让我们回答下面的三个问题：

1. 家人为你做了什么？

2. 你为家人做了什么？

3. 你给家人带来了哪些困扰和麻烦？

当我生病的时候，母亲和妻子是最好的“护士”，她们心急如焚，日夜守护，对我的照顾细致入微。当我犯错误（吸毒）的时候，母亲是最耐心的老师，苦口婆心地劝诫，不厌其烦。

这几年我染上了毒品，想起来羞愧难当，天天飘飘然，沉迷于虚幻的精神世界，真没做过一件对家人和自己有意义的事情。

吸毒的这些年，我把家人的尊严、脸面都丢尽了。我不知道勤劳忠厚的亲人是如何面对旁人异样的眼光和议论的，他们的身心承受了多少伤害。

这次戒毒，让我收获颇丰，从最初的度日如年到现在的规范、有序，从最初的紧张空虚到现在的平和充实，每周都有丰富的戒治、康休活动，每周都丰厚的收获。

尤其是这一周，我学会了阅读，爱上了阅读。大队为了丰富戒员们的生活，多方筹措资金，为阅览室购置了很多新书。我也因此有了读书的渴望，希望阅读成为自己的一种生活方式。我发现读书可以让人的心灵有所寄托，忘记烦恼，缓解精神上的痛苦，平和自己的情绪。可以说，这一周我是在不知不觉中度过的，因为沉浸在阅读中的我几乎忘记了时间。

岳语箴言

这是带领你们进行内观反思的第三周。通过对上面三个问题的回答，希望你们回顾一下自己的过去，对生活有所感悟，心存感恩。前两周的思考心得要好好保存，这是你们心灵成长的轨迹。

曾经总以无聊、空虚作为吸食毒品的借口，甚至以减少压力、解决烦恼为理由陷入毒品的“圈套”，今天我们找到了更好的替代方式——阅读，它不仅不会伤害自己和亲人，而且能让你收获知识、增长见识。有了良好的阅读习惯，你一定能做更好的自己。

总结一周 2017年4月16日

我的父亲是个热心快肠、平易近人的人，他在我结婚后的第九十五天突然发病去世了。他生前一味地付出，为我们做的太多太多，而我却没来得及尽孝，这是我此生最大的遗憾，我多么希望来生再做他的儿子。后来，我因吸毒误入歧途。染上毒瘾以后，我给亲人带来了巨大的痛苦。在两年的戒治生活中，我一定痛改前非、重新做人，出去后弥补过失，回报家人。

天气慢慢热了起来，想起还有一年多戒期，我的心情有些低落。令人欣慰的是，我们班凝聚力很强，班内强戒人员们团结互助，还有岳队长的悉心教导。我们的戒治生活比较丰富。周一，在操场上进行康体训练后，岳队长带着大家做了一些小游戏。周三，岳队长带着大家到教学楼学习。周六，和往常一样，我们列队去操场做早操。路过湖边时，我忽然看见两只“天外来物”落到了湖面上，定睛一看，原来是两只小野鸭。我感到惊喜，这里的生活每天周而复始，与世隔绝一般，我似乎忘记了大自然的色彩。野鸭在湖里自由自在地玩耍，勾起了我对往日快乐美好生活的回忆，那才是自己真正想要的生活。我暗下决心，一定珍惜这两年的戒治生活，争取早日戒治成功，健康快乐地回到生活中去。

岳语箴言

我能感受到你积极向上、乐观好学的态度。愿你真正确立自己的目标，武装好自己，为回归社会建好“防护墙”。希望你能充分利用两年的戒期，带着问题、带着思考、带着感恩，积累正能量，回报亲人和关心你的人。我期待你能成为“戒毒标兵”，为其他强戒人员树立榜样。

一周总结　2017 年 4 月 23 日

为了创造良好的戒治环境，大队在这一周为我们每名强戒人员提供了方便实用的收纳箱。经过大家细心的整理，使用收纳箱后，我们的宿舍变得更加整洁有序。

在这样的戒治环境里，我感到自己身心愉悦。来到一大队已经四个多月，我时刻感觉自己被关爱包围。换个角度，我也想尽自己的一份力。

我有一个建议：每逢周末，队里选两名有责任心的戒员，专门负责把每个班需要缝补的衣物收集起来，统一进行缝补，我愿意做这份工作。这样做的好处有：第一，针线更好管理、更安全；第二，在节约时间的同时，还能帮助不会缝补的戒员；第三，避免各班因轮流缝补的次序出错而产生矛盾。这是我为促进大队和谐友爱环境建设提的小建议。

岳语箴言

你的建议很有参考价值，我会向大队反映。

听到你说“时刻感觉自己被关爱包围”，很为你开心，在这个集体里，你获得了爱和能量。你有所收获，除了源于他人的给予，还因为你的内心开始慢慢变得柔软，变得开阔，变得更有感知力，不

像吸毒时，因被毒魔控制，对谁都不在意，对谁的爱都没有感觉。

感受爱，收获爱，还要付出和回报，为集体、为他人做出自己的努力和贡献。补衣服只是一件小事，可是从这件事情可以看出，你在观察生活，观察他人的需要；你在发现问题，也在思考解决的方法，并且积极提出了自己的建议。真的很好，因为在爱的滋养下你的爱已经向外流动，爱的流动说明你想和他人建立良好的关系，营造互帮互助的和谐氛围。

祝贺你，离自己的内心更近了一步，离那个没有被毒品伤害的自己更近了一步。加油！

2017年4月28日

岳队长组织我们班开了班会，他提出了三个问题，让我们依次进行讨论。

第一个问题：吸食毒品后产生的好处和坏处有哪些？看过这些好处和坏处后你有什么感觉？

第二个问题：你吸毒前的生活状态是怎样的？

第三个问题：如果继续吸食毒品，三年后你会是什么样子？

我们对这三个问题进行了热烈的讨论，把毒品的好处和坏处一一列了出来，对毒品的影响进行了仔细分类，并以直观的图表形式呈现了出来。看到这个图表，我特别震惊，毒品的危害居然如此之深。当初吸食毒品，只是图一时之快，盲目追求刺激。为了吸毒，我把一切都抛诸脑后，即使眼前摆着价值上千万元的合同，也懒得签字。连这次陪妻子来北京看病，我都是吸完毒才过来的。终于看清了毒品的“真面目”，我对它厌恶之极。

回想没有毒品的日子，我一心为家人的幸福努力拼搏，工作累了，就回家陪老母亲聊聊天、看看电视；遇到好看的电影上映，还能陪妻子、孩子去看场电影。那时候的我办事高效，从不拖沓。闲暇时会约上朋友们打打麻将，但从不参与赌博，日子过得和睦美好。那些快乐的日子真是让人怀念啊！

如果我戒掉毒品，亲朋好友一定愿意看到我的这种变化，我相信我的生活会慢慢走向正轨。如果我继续沉迷于毒品，对我失望透顶、身心俱疲的家人可能会因此被病魔侵扰。而我，还可能为了获得毒品去偷、去抢、去杀人放火。最终，我将家破人亡，失去一切。这不是我想要的生活。

这三个问题的答案让我紧张、恐惧不已。我庆幸自己有了在戒毒所里的经历，庆幸还能再次感受生活的美好，庆幸自己有了新生的机会。我下定决心：一定要远离毒品，重新承担起自己的责任，照顾好家人，有余力时多做善事，回报社会！

岳语箴言

通过讨论，你看清了毒品的真正危害，所有事物都具有两面性，只有当你认真权衡之后，才能作出正确的选择。

总结一周 2017年5月1日

既要学习、工作，又要兼顾卫生，确实不轻松，但只要想起戒治两年便能彻底戒掉毒瘾，想想自己的努力能得到认可，我便觉得所有的付出都是值得的。

不过，这周也有心情波动的时候。周一，我得到一个不太好的消息，同班的大志晚上在看护岗位值班时，不小心打起了瞌睡，加上前面的一次在岗打瞌睡违规事件，他的看护值班岗位因此被撤销了。唉，虽然感觉挺可惜的，但希望他的心情不要因为这件事有太大的波动，也不要过于在意这件事。剩下的戒期还很漫长，我们要学会调整自己。岳队长给我们讲过尼克胡哲精神，希望他能勇于面对生活，跌倒了再爬起来，不放弃、不妥协，坚持到最后一刻。

错误可以改正，失去的可以重新获得，大志加油！

周三，岳队长带我们八班来到心理健康教育中心的正念教室学习了正念减压的方法。通过学习，我对正念减压有了大概的了解，它有七大要素：初心、接纳、不评判、耐心、放下、无为、相信。在课堂上我们认识了人固有思维框架下的自动导航现象，了解了自动导航对人生选择的影响。这堂课的内容生动而有意义，给我们留下了深刻的印象。感谢岳队长这样的良师益友。

岳语箴言

为你的态度、认知点赞。随着接触时间的增加，我看到了你身上越来越多的优秀品质——乐观、积极、感恩。复吸毒品的原因主要在于自律性（自控力、自我监督能力）差，易受情绪影响。希望你在这些方面多做准备，在正念学习中认真地觉察、体验，有意识地养成这些方面好的生活习惯。

正念，从根本上来说，是一种加以注意的特别方法以及随之而来的觉知，它是秉持着自我探索和自我理解的精神，学习看见自己的方法。正念学习可以让你发现自己身上深层的自在、平静、明晰和洞见，仿佛让你踏上新的领地。希望你能通过自己认真的练习和体验，感知这块新的领地。

一周总结　2017年5月7日

一周又过去了。周一是“五一”国际劳动节，从电视新闻中就能感受到节日的喜庆氛围。我静静地坐在宿舍里，感受与以往和家人一起过节的不同，很多往事涌上心头。此时的我已经能平静下来，头脑清醒地回顾自己的过去。

吸毒有百害而无一利。吸完毒后人能在短时间内保持亢奋，使注意力集中，提高工作效率，但接下来的四五天身体会感觉异常疲惫，整天昏昏沉沉。其实，这样做完全得不偿失。直至被警察抓获送来强戒所，我才慢慢意识到这些，并最终下定决心好好戒毒。虽然我因此几乎失去了所有，付出了惨痛的代价，但我今后的生活方向得以明确。相信亲朋好友知道我痛心悔改，摆脱毒品的控制后，一定会对我重拾信心，重新接纳我。

在队长的教导下，我已深刻地认识到毒品美丽外表下的危害性。对于那些跟我一样曾经沾染过毒品的人，我真心希望他不要再碰毒品了；如果身边有朋友染上毒瘾，请一定竭力帮助挣扎在生死边缘的他。

每个特殊的节日，我都不由得会回想起好多往事，生发出诸多感慨。祝福我的家人和大队全体民警、强戒人员们节日快乐！

岳语箴言

我能感受到不惑之年的你已经渐渐明白生活的价值和意义所在。人生在世，谁能无过？犯错在所难免，关键是要及时止错，归正后再来。你能静下心反思自己的过错，积极乐观地面对，为你的态度点赞！当然，犯错的代价有时会很惨重，我们对生活要有敬畏之心，主动接受新的变化，保持学习的心态。

我们学习正念减压方法的目的就是提升觉察能力和专注力，养成良好的应对习惯。期待你能有更多的收获。对了，这些文字记录要经常看看，以此警醒自己。

一周总结 **2017 年 5 月 14 日**

周五，班里的老薛两年的强戒期满，早上，岳队长组织大家给老薛开了一个欢送会。每个人都给他写了寄语，希望他出所后远离毒品，养好身体，开开心心地过日子。在这里，我也真诚地祝福他，希望他带着这两年的收获，坚守底线，努力过好每一天，走正确的路，享受晚年的美好生活。

这一周，我们班作为优秀班级，代表大队参加了局里组织的心理测试活动。这个活动机会来之不易，是岳队长和我们班全体戒员半年来共同努力的结果。

岳队长引领我们这些戒毒“新人”一起感知，一起学习，一起分享，一起体验，一起知耻奋进。他帮助我们梳埋内心困惑，止视困难，带着我们参与各种戒治活动，解决戒治中出现的问题。

在日常生活中，他带领我们进行康体训练，让我们拥有强健的身体；他帮助我们克服了对强戒的恐惧，给了我们重新面对生活的勇气。最近，他又悉心组织我们进行正念瑜伽练习，让我们拥有敏锐的觉知能力。正念学习可以让我的心情平静下来，觉察到很多以前被忽略的存在。相信坚持练习一定会给我带来更大的帮助，我一定不轻易放弃！

这两天从电视新闻中得知我们国家正在举办“一带一路”国际合作高峰论坛。在此我衷心为祖国点赞，希望她越来越强大！

岳语箴言

建议关注自己不同时期对戒毒问题的不同看法、态度，用好正念觉察方法，遵从初心，做自己的主人。

如你所说，我们的国家越来越强大了，这会给我们带来更多的机会，我们实现自己价值的途径也更多了。大强，一定要赢回自己的尊严，以良好的习惯和自我控制能力作为成功生活的基础，用心累积，重新获得亲朋好友的信任，再次开创自己的事业，回报社会。

加油，大强！

一周总结 **2017年5月21日**

本周心得：合理安排时间，积极锻炼，规律作息，关爱自己，健康生活，一定能达到预期的科学戒治效果。

天气一天比一天热，大家慢慢变得有些浮躁，我也不例外。为此，岳队长这周增加了正念方法学习的频率，通过频繁的练习，我们的浮躁情绪及时得到了调整。良好的精神面貌突出表现在星期四下午举行的会操比赛上。会操比赛中，我们班第一个上场。虽然出场顺序是临时指定的，但我们班的每个人都信心满满。在岳队长的沉稳指挥下，我们圆满地完成了队列展示。尽管最终我们没有在评比中拿到名次，但是大家没有一丝失落感，因为一起努力过，便没有了遗憾，而且我们拥有了乐观、积极面对挫折的心态。

这正是大家积极练习正念减压方法后产生的良好戒治效果。我对正念减压方法七大要素中的“不评判”有了深刻的体验，学会在正念练习中放下所有的评价，在不评判的基础上不计较名誉得失，重在参与，学会感恩。感谢岳队长，他是最尽职的指挥员、最优秀的班主任，也是我们最好的朋友！

岳语箴言

你用正念去觉察生活，而不限于固定的练习，说明你对正念的

理解越来越深入了。你慢慢具备了运用正念方法的七个优秀品质，看到你的成长，我兴奋不已，为你点赞！

得到你的认可，我很高兴。让我们一起加油，共同努力！

一周总结　2017 年 5 月 28 日

2017 年 5 月 22 日，星期一，这个日子我会一直铭记在心里——这天我在强戒所里第一次见到亲人。这是个阴雨天，小雨绵绵。我和其他等待会见的强戒人员一起汇聚在大厅里，等着喊到我名字的那一刻，我的心怦怦直跳，不知道许久未见的亲人们有什么变化，胖了还是瘦了？过得好吗？

终于叫到我的名字了。我忐忑地推开门，看到了三姐、四姐，面对这些久违的亲人，一股暖流立刻涌上我的心头，眼泪忍不住在眼眶里打转。我们隔着玻璃，上下打量着对方，许久，我们的脸上都露出了笑容。电话里传来了两个姐姐的问候，她们都急切地想知道我在天堂河的生活情况。看着我满面红光、精神焕发，她们的兴奋之情溢于言表。其实我先前早就整理好了思绪，想好了很多话，可是都被这浓烈的亲情冲击波打断了，激动得说不出话来，只能在电话里用最简单的语言与姐姐们互道平安、互诉珍重，在不忍与不舍中结束了这一次会见。

人能从错误中找到学习的机会，我已经从沮丧、沉沦甚至自弃中寻找到光明。相信有亲人的包容与关爱，有政府的关注与支持，有队长们耐心细致的教导，我一定会变得比原来更强大，我会更珍惜、更努力。不管经历怎样的痛苦和煎熬，我一定会彻彻底底地戒掉毒品。等阴霾散去，我就可以再次像正常人一样微笑着去面对生活了！

未来，将会出现一个全新的我、健康的我。放心吧，我的亲人们！

岳语箴言

患难见真情！这种觉得珍贵、懂得珍惜的感受你要留在心底，它将化作你未来生活的勇气和与毒瘾战斗的利器。

能感受到两个姐姐对你的关心与期待，也得知你的妻子身体恢复得很好，真的该庆幸老天对你的眷顾。我们应该把握所拥有的一切，以避免遗憾的发生。

送家属出所的时候，两个姐姐感叹你的变化真大。吸毒前，你是家里的主心骨，家人都为你骄傲；吸毒后，你变得喜怒无常，整日不见踪影，精神萎靡，身体消瘦，甚至经常参与赌博。家人过着提心吊胆的生活。

起初得知你被送到了强戒所戒毒，家人感到天都塌下来了，不过，对你在强戒所戒毒也心存希望。后来你妻子来看你后，说你有变化，原来的大强回来了。你健康的身体、朴实的笑容、温和的言语，让姐姐们相信，你真的变了，她们都替你高兴。她们希望我严格管束你，帮助你彻底戒掉毒瘾。我告诉她们，你戒除毒瘾的决心很大，但回家后还需要家人的监督和支持。希望在家人的帮助和自己的努力下，把毒瘾彻底戒掉。加油！我们一起努力，把问题解决好。

总结一周　**2017 年 6 月 4 日**

6 月 2 日，大队组织队列会操比赛，天公不作美，一改先前的晴朗，突然变得阴沉沉的，灰蒙蒙的乌云笼罩着大地。我在心里暗暗祈祷，千万别在这个时候下起雨来，这段时间我们刻苦训练，憋足了劲，就等比赛的到来，展现我们的实力和面貌。

好在队列会操如期开始。前面两个队整体表现优异，是我们强有力的对手。我们一大队第三个上场，大家集中注意力，鼓足了劲，斗志昂扬、精神饱满。在许队长铿锵有力的口令下，我们迈着整齐的步伐，喊着响亮的口号进入主赛场。之后，我们整齐划一地完成了各项规定动作，直到下场，大家才将憋着的气呼出来，感觉特别轻松舒服。之后出场的是五大队、六大队……

会操结束了，到了公布比赛成绩的时候。会场上一片安静，大家屏住呼吸，急切地想知道比赛的结果。听到领导宣布“第一名：一大队”，大家欢呼雀跃，激动万分，这份荣誉来之不易，是我们共同努力的结果。此次队列会操的准备、比赛过程让我受益匪浅，有一种向全新的自我、健康的自我蜕变的感受。

岳语箴言

一场队列会操比赛，有辛苦的准备过程，有紧张的比拼时刻，

还有无数激动人心的瞬间。虽然只是一件简单的事情，你却全身心投入，让自己充实起来；虽然只是一件普通的事情，你却十分在意，非常关注，让自己变得心无杂念，只为集体荣誉而奋斗。

这是一次会操，也是一次净化心灵的体验。

这是一场比赛，也是一场心灵与心灵的沟通。

这是一件小事，也是你蜕变过程中的一个重要事件。

你收获了成绩，收获了平淡人生中不平淡的心路历程。

你收获了同伴们的帮助，收获了彼此深厚的友谊，收获了戒毒路上结伴前行的力量。

在上周的会见中，你还感受到了来自亲友的动力。以后，你的能量和动力将会越来越多。

加油！

一周总结　2017 年 6 月 11 日

周一下午，岳队长早早地来到我们班，开始正念减压心理课程的指导。这是第六次课，本次课的内容是“想法只是想法”。课程开始了，我跟随着引导语，将自己的注意力集中在声音、呼吸上，心绪在不知不觉中开始游走，想起了上周会见日和家人见面时的场景，那一幕幕像电影画面一样在我的脑子里放映……我的情绪有些起伏和波动，我意识到自己有想法产生了，便尝试着平复情绪，不评判地去关注它的发生、发展。引导语再一次响起，我将自己的注意力拉回，之后又继续正念观想法的训练。引导语的间隙中虽然还有想法出现，但我居然能够平和地观察它们了，专注力一直保持到练习完成。

期间，岳队长向我们介绍了看待想法的几种不同方式：①单纯注视想法的出现、离开，不带情感色彩。②只把想法看作心理事件。想法不一定是事实，但我们很可能会把它想成事实，因此，我们要确定想法的真实性以及应对的方法。

岳队长所说的方式中，我体验到了第 种方式，但对第二种方式还不太理解。在分享环节，我介绍了自己在练习中是如何觉察、观察和处理想法的，岳队长予以了肯定。通过学习，我会将正念带入日常生活，更多地回归当下，带着一份觉知，学会更有效地运用自己的大脑，让自己成为生活的主人。

我们生活在一个由一百多人组成的集体中，这个集体良好的生活秩序需要每个戒员严格遵守纪律和规范来保证。在平日的生活中，我发现了一些不良现象，并提出了自己的建议：第一，卫生间里随地吐痰的现象很普遍；第二，晚洗漱后取物品的时间过短，往往两三分钟后便开始点名就寝，建议在洗漱前取物品；第三，对于晚间看新闻时坐姿的规范，可以对符合坐姿要求的强戒人员进行加分奖励；第四，早操训练可以班级为单位进行，对表现好的班级也可以进行加分奖励，以提高大家的积极性。第五，队里的晾衣架总容易弄丢弄混，可以对晾衣架进行统一编号，规定每个班只在固定编号的架子上晾晒，晾衣架就不容易丢失了。

快乐就在你我的身边，等待你我去发现，为别人着想是一件快乐的事情。

岳语箴言

你说对第二种方式不太理解，也就是你还没有完全领会“想法只是想法”的意思。确实，当想法与情绪交织时，想法会难以区分。不管怎样，我们都需要摆脱情绪或想法的控制。通常，我们的想法是一个很好的摆脱控制的起点——认出我们的想法，就可以深入我们的内心。

认出想法以后怎么办呢？关键是学习与想法建立新的关系——把想法看作想法本身，看作心中产生和消失的心理事件，而不是真实的事物本身。这样，你就可以将心智和身体从思维—情绪的循环中解脱出来，正是这个循环将我们拖入了情绪的痛苦之中，所以这种关系的改变就是我们日常要练习的重点。

希望你在平时的生活中慢慢地去体会，分出哪些是想法，哪些

是情绪，哪些是事实。有空多做一些练习，它能带给你一些启示，养成良好的习惯。

另外，除了早操的建议外（所里有统一的要求），我一定会向大队转达你的建议。

一周总结 **2017 年 6 月 18 日**

来到天堂河强制隔离戒毒所五个多月了。周末晚餐中有大菜“红烧肉”，我们格外开心。看着眼前的美味，我第一时间想到用“正念进食”的方法来体验一把：闭上眼睛，低下头，用鼻子轻轻地闻，哇，浓郁的肉香味源源不断地涌入我的鼻腔，唾液立即充满了我的口腔，食欲被迅速激发出来并提升到了极致。在强烈的食欲下，我慢慢地睁开眼睛，看见了金黄软滑的肉块。我用勺子把一块肉缓缓送到眼前，仔细地观察后，再将它慢慢地送到嘴里，口腔里的唾液迅速沁润着肉块，浓郁的肉香、软软的触感让我精神倍增，唇齿间溢满余香。充分咀嚼后，肉泥顺着食道滑入胃里，留下无穷的回味。这种美好的享受过程值得永远保留。

岳语箴言

“正念进食”方法运用得很好，希望你的戒期更加充实快乐，体会更多正念带来的美好。

在过去的这么多年，你一定吃过很多次红烧肉，可是我相信没有哪一次吃的红烧肉会如这次般美味。你从不同的维度感知了一块红烧肉的味道，享受了这个美好的过程，并珍藏了这份美好的体验。谢谢你对体验的用心感受和详细描述，这让我深深地感到引入正念方法的重要作用和深远意义。期待你能发现生活中更多的美好！

一周总结　**2017年6月25日**

来到天堂河强制隔离戒毒所已整整半年，我完全融入了一大队的集体生活。日子在不知不觉中一天天过去，我积极参加各项学习和文娱活动，享受着丰富多彩的生活，身体也慢慢强健起来。

这周，我们上了一堂职业技术培训课——“茶艺”课。我原以为这门课会很单调乏味，却发现事实并非如此，听完课后我感触很深：一来没想到“茶艺”在我国有这么深的文化底蕴；二来没想到“茶艺”能带给我们这么多的人生启悟。

感谢刘老师给我们带来的精彩茶艺课程内容和人生启示，我会将这种启示融入今后的戒治生活，不断地认识自我、觉察自我、完善自我、超越自我。

岳语箴言

茶能使人在宁静平和、舒适怡悦之中萌动蓬勃的生机、强烈的挚爱。茶诗化了生活，人们可以从中得到美的享受和人生的感悟。

有哲人说过：品着茶似乎是品味着人生。的确，茶道，不仅体现了艺术与生活的关系，而且蕴含着人生哲理。品茶是一种享受，也是一种熏陶。杯茗在手，神驰八极，苦涩回甘的茶味，委实如绵长的人生之路，回味的是从艰难中寻得的人生哲理。

茶，其性精清，其味淡洁，不得有半点玷污；其用涤烦，其功

濯尘，属通灵性之物，是山中精英，不失其高洁的本性。这是在赞茶，也是在颂人，借茶而言志。

中国茶道，引入了儒家和道家的“内省”思想。孔子的“见不贤而内自省也”（《论语·里仁》），老子的“致虚”“守静”（《老子》），曾子的“吾日三省吾身”（《论语·学而》）都是强调通过内省这种独特的方式提高思想修养，达到道德和理智的自我完善。

诗人品茶的过程即是以“自省”精神参悟得道的过程，去除心头郁积的烦恼，心境趋于平和，情感得到净化。茶是人生道德理想的象征。人生似茶，品茶即以审美的态度来对待人生，这是一种超越了物质需求的精神升华。

希望你能借茶艺课程丰富自己的精神世界，人生会因此更美好。

一周总结 2017年7月9日

本周，大队组织我们在教学楼综合圆厅展演情景剧，这是一项很早就布置了的任务，主题是“高危情境下的我们”。

每个班的表演都很精彩，但我们班表演的情景剧剧情让我感触最深。超子在一个阳光明媚的日子从天堂河强制隔离戒毒所戒毒期满后出所。回到家里后，他想起了在一起戒过毒的好朋友文子，便拨通了他的电话，约好去他家坐坐。快到文子家了，文子亲自出门迎接超子。进门后，超子看到了一些奇怪的现象：有三个人围着桌子，正在“斗地主”，超子上前打招呼，他们却根本置之不理；旁边两个人正旁若无人地玩手机游戏；还有一个人正在扫地，嘴里嘟囔着“停不下来，停不下来”。超子感觉到了异常，这正是吸毒后的“专注”表现。出于礼貌，超子不方便直接离开。于是他借口上了趟厕所，在厕所打电话给朋友，让朋友5分钟后打电话给他，以父亲突发疾病为借口离开文子家。从厕所出来后，文子笑着迎上前来，说：“哥们，我找了一样好东西，想让你也来体验一下，你看大家都已经在体验了。”超子为难地说：“我刚从强戒所回来，而且快到派出所验尿时间了，不敢也不能体验。”正当文子想再次劝说的时候，超子的手机响了，文子听到电话的内容后，也不好再强留超子。在超子正要出门的那一刻，文子笑着对大家说：“你们看，超子面对诱惑，果然用岳队长教的方法成功应对了高危情境，检验了学习成果。大家热烈欢迎他加入我们这个戒毒支援团队吧！”

看完这个情景剧后，我还在回味其中的情节。我相信自己一定能像剧中的主人公一样，在高危情境下从容应对，当然，我也很期待社会上能够有这样的戒毒支援团队。我们重返社会，诱发吸毒的因素很多，包括家庭矛盾、不良情绪、吸毒环境等。我们一定要学会克制自己，用在强戒所学到的戒毒方法、技能积极应对，不辜负队长、亲人对自己的期望，摆脱毒魔，战胜自己。

岳语箴言

大队举办“高危情境下的我们”情景剧展演比赛，是为了集思广益，帮助大家找到高危情境下的应对预案。

强戒所的生活是成瘾者对自己的救赎。政府创造这样一个体验、学习的强制隔离环境，配备帮助成瘾者提高自我控制能力的队伍，打造帮助成瘾者掌握技能的平台，这些都给了成瘾者实现自我救赎的机会，也给了他们一个恢复身体、延长生命的机会。

你拥有的良好状态让人欣慰，期待你彻底摆脱毒品，回归正常的生活。咱们班展演的情景剧最后提及的“戒毒支援团队”的建立是我的一个梦想，希望大家出所后能找到这样的一个组织，以帮助大家不断地自我赋能，最终战胜自己，战胜毒品。

一周总结　**2017年7月16日**

正是烈日当空，忽然雷声隆隆，各种天气状态在盛夏“轮番轰炸”。

这是我来到天堂河强制隔离戒毒所后过的第一个夏天，本周进入了夏季最难熬的“伏天”。据新闻报道，今年夏季有一个加长版的“伏天”，达40天之久，为此，队里对我们的生活进行了调整，增加了很多消暑的活动。

每天早上吃完早饭、整理好卫生后，每个班的队长会带着自己的班开展丰富多彩的活动，有的班会组织戒员到操场的树荫下开班会，有的班会组织戒员到图书室看书，还有的班会组织戒员到教室学习。十点钟左右，大队会集合全体戒员，发放绿豆汤，在炎炎夏日为大家送去清凉。晚饭后，队长会召集大家到大厅开展“朗读者”活动（分享各自有收获的文章）。下午六点半，到了看新闻的时间，我们聚集在凉爽的空调房里，收看新闻，了解时事。就寝前半小时，队里还会组织戒员有序地冲凉，让大家舒服地入睡。这一桩桩、一件件贴心小事，使我们躁动的心平静下来，安心生活。

这是大队对我们的关心，通过这样用心的安排，我们的集体生活更有规律，我们对戒毒充满了信心。感谢大队，感谢队长们！

岳语箴言

我们希望在盛夏为大家创造一个安全、舒心、清凉的环境，你有一颗感恩的心，感受到了我们的良苦用心。世上有很多美好的东西，需要我们有一双能发现美好的眼睛，还需要有善于感受的心灵。期待你能够发现、觉察更多的美好，更期待你能引导班内其他成员发现生活的美好，用感恩的心面对戒期生活，参与戒治活动，收获自己的成长。

总结一周　**2017 年 7 月 23 日**

既要认真学习，又要做好卫生，并不是很轻松的任务，需要统筹安排。但想想通过两年的强戒生活，我可以重获新生，便不觉得日子难过了，反而感到充实、愉快。

不过，不如意的事情也偶尔会发生。本周我在卫生评比活动中拖了班里的后腿。因为粗心大意，我把一个散了页的本子放在了存放物品的整理箱里，使班里的卫生状况没有达标，在卫生检查中被扣了分。由于当天不清楚扣分的原因，导致第二天、第三天又因为同样的原因被扣了分，为此我后悔不已。虽然平时我用心整理内务，但在某些细节上还是不够细心，导致出现了问题，以后一定要防微杜渐。

这次的连续扣分事件让我认识到，再小的事，都要用心对待，平时要养成细心的习惯，这对我的戒治生活有很大帮助。重新回到社会后，我希望自己变得自强、自信、自立，成为全新的自我。

岳语箴言

从生活中感知，在活动中思考，这是一种很好的习惯。做好一件事情不容易，保持操守更是需要很多必备的素质，如自律、自控、自我管理等。你要学会从点滴之中感悟生活的道理，一路向前。

总结 一周 **2017年7月30日**

最近连日的阴天和偶尔的阵雨，让炎热的盛夏变得凉爽宜人，我们的心情十分舒畅。

上周日，大厅里“和谐友爱无打架”计时牌的天数定格在了期待中的“500”，这是大家一起努力的结果。同时，我们又将开启一个新的征程。随着这个数字的持续变化，我们离目标的距离也将越来越近。

人在错误中不断成长。这两年不管经历怎样的痛苦和煎熬，我一定要坚持戒掉毒瘾。阴霾总有一天会散去，我要重新生活在晴朗的天空下。

岳语箴言

微笑面对生活，生活就能给你带来惊喜。希望你在其他班能继续发挥带头作用，证明自己，帮助他人，为回归社会做更好的准备。

岳语初心

大强因工作需要被调到了其他班组，对于这样的安排我是放心的，所以没有挽留他，我甚至乐于看到他离开原来的班组，希望看到他独立面对新环境，展现较强的适应能力；希望看到他保持积极、乐观、感恩的生活态度。

大强没有辜负我的期望，表现一直很稳定。有些遗憾的是，在一年期满的评估中，因为考试成绩不合格，他没能通过评估。我找到他，想安慰一下，他却说："我不觉得遗憾，能心平气和地接纳，因为我已经尽力了。"

他说，得到自我的救赎，得到家人的谅解，得到队长的认可，这才是他最珍惜和在意的。我很感动，相信他能说到做到，有长期保持操守的能力。

他的所作所为让我很欣慰。2018 年 2 月，和他一起与毒品战斗的原"远征"团队的战友们陆续提前解除强戒，他其实也有这样的机会。不过，他所在班的队长希望他当班组的带头人。他毫不犹豫地同意了担任班长这个既劳心费力而又不讨好的职务，因此失去了参加评估、提前解除强戒的机会，这种不畏困难、无私付出的精神可歌可泣。2018 年 5 月，在大队组织的"最美身边好戒员"的演讲比赛中，他成为被赞美的对象，为大家广泛认可。

2018 年年初，我召集了分散在大队各班组的"远征"战友，希望他们对过去一年的戒期进行回顾和总结。对于我这个不在其位的指挥员（2017 年 8 月，"远征"团队因故解散）下达的额外的"战斗任务"，"远征"团队的成员们没有任何推托，我很欣慰，他们很快便将自己的收获、感悟以书面的形式交给了我。本书中收录了两名强戒人员的总结，大强的总结是其中之一。

2017 年戒期总结

难忘的 2017 年已经渐渐地离我远去，崭新的 2018 年已经来临。随着 2018 年的到来，我在天堂河强戒所又迎来了新的戒治生活。

2017 年是我人生中最难忘、最关键、最充实、最有意义的一年，虽然我曾因贪图刺激、安于享乐暂时失去人生的目标，背叛了亲人和家庭，走上了吸食毒品的违法道路，但是，从我被强戒的那一刻起，我的人生便发生了根本的改变。我慢慢找到了重新站起来的勇气和力量，重获尊严，找回了自己的灵魂。

回想当初，每一天我都在浑浑噩噩中度过。虽然吸毒之前会有一丝罪恶感，犹豫要不要伸出触碰毒品的双手，可终归不能抵挡毒品的强力诱惑。一旦吸毒，便什么罪恶感和是非感都没有了，如同行尸走肉一般。即使暂时头脑清醒，能集中注意力，也是昙花一现。吸食毒品会像陷入泥沼一般，越陷越深，如果没有外力将人往上拉，吸毒者的生命将就此被断送。幸运的是，我获得了戒掉毒瘾的宝贵机会。

记得刚到一大队时，我有很多不适应，因此产生了诸多不良的抵触情绪。我不知道在这封闭的、失去自由的环境里，在严格的半军事化管理制度下，自己该如何生活，如何应对。我对未来的日子充满了困惑和迷茫。那时的自己对吸食毒品的违法行为还存在许多非理性的错误认知，也因此对摆脱毒瘾丧失信心和希望。

随着戒治生活的继续，我的认知在一点点改变，特别是我被安排在岳队长的班集体后。在岳队长循序渐进的耐心教导下，我学会了反思，慢慢对自己摆脱毒瘾充满了信心，生活也逐渐回到了正常的轨道。

还清楚地记得当初岳队长带领我们进行正念训练的情景。一开始我是茫然的，在岳队长耐心细致的引领下，我慢慢领悟到了正念的深刻内涵和它对成瘾者的意义所在。

回想当初，初中毕业后的我曾推着煎饼车走街串巷卖煎饼，曾应聘做销售人员，曾把握机会签订大额的承包供煤合同，后来承包了矿山，创立了自己的企业，一步一步实现自己的人生价值，让家人过上了健康、幸福的生活。在吞云吐雾的间隙偶尔回归理性的时候，我是何等后悔自己的所作所为，痛恨自己的伤人伤己！

岳队长曾组织我们进行折纸游戏，通过游戏，我获得了重新把握有限生命的信心。对于毒品，我深恶痛绝，不愿意继续伤人伤己地走下去。在价值期待的思考中，我开始关注亲人对我的评价，希望重新回归自我，不忘初心，做对家庭、社会有用的人。每每提及“不忘初心”，温暖就会涌上我的心头，力量就会在我心中汇聚。正是有了这样的信念支撑，我开始享受戒毒所里的三九冬训，愿意坚守严苛的所规队纪，养成自控的良好生活习惯。

当初来京，本是陪同妻子来做脑瘤手术的，不曾想，半路在检查站尿检后被直接带到了天堂河强戒所。回想当时妻子的惊慌失措和无助，我懊悔不已，她不仅要承受病痛的折磨，还要为我的状况担忧。后来，不理智的自己竟然还在电话中威胁妻子，要求她想办法把自己弄出强戒所。事后，我深深自责，无比内疚，痛苦不已。好在岳队长带我们进行了正念训练，在不批判、不评价中正视自己，静下心来改造自己。我不再沉沦，相信家人需要我，相信自己能够回归到有尊严、有价值的生活中去。

在有规律的戒治生活中，我产生了“过好每一天”的乐观心态，慢慢找到了自控的“钥匙”。我接纳了自己曾经的放纵，以及放纵后付出的代价，更接纳了今天自己的改变。如今，我学会了用新的观点、态度，从新的角度看待和解决问题，能够应对各种可能导致自己复吸的高危情境，将对毒品的需求牢牢地关在自我监控的“笼子”中。

在戒毒的过程中，岳队长对我的帮助是巨大的。他言传身教，让我们认识到了自律、自控的重要性，认识到了延迟满足对一个人达到目标的重要影响。他从很多细节入手，关注我们的改变，甚至模拟出挫折环境，观察我们解决问题的过程并予以指导，我们真真切切地感受到了他的真诚与善良。现在，虽然我被安排到了其他班组，但岳队长的教导我仍然时刻铭记在心。当然，我现在所处的班组同样是团结奋进的集体，我时时刻刻都能感受到温暖，队长像对待自己的亲人一样关爱我们每名强戒人员。

新的一年，我会不忘初心，不辜负队长们的期望，再次鼓起勇气、拾起信心，用实际行动践行自己的戒毒誓言，达到戒除毒瘾、重回家庭的目标。

岳语初心

大强真实、完整的蜕变过程给了我很多感动，激励我用心去引导更多的“抗毒战士”。愿下定决心战胜毒品的战友们，用文字记录自己的蜕变轨迹，因为这些文字能传递力量，鼓舞斗志，为成功戒毒助一臂之力！

第三辑
天堂河不相信绝望

天堂河已经没有河，但是有“天堂”，吸毒者的“天堂”，在这无毒的“天堂”，远离毒品的伤害，回归生命本来的模样。

天堂河是条“河”，一条生命的河，静静汇集了无数生命的过往和对未来的期望。

天堂河的你我，没有约定，不期而遇，别无选择，留在彼此的记忆里，因为你我的存在，我们成了现在的自己。

我在“河边”静听，也在“河里”穿行，我看见了悲伤、无奈、挣扎，也看见了纯净、真实、坚定。

我们要你相信，绝望的黑暗中能迎来希望的曙光。

天堂河不相信绝望

大跃有过一次强制戒毒的经历，那次戒毒后他决心不再碰触毒品。两年的强制戒毒帮他度过了三个月的稳定生活。可是，三个月后的那一天，莫名的无聊感唤醒了他对冰毒的渴求，于是，他拨打了那个先前一直控制自己不打的电话。渐渐地，他从用各种理由说服自己吸毒到对毒品的使用麻木放纵，很快便回归了成瘾生活。他告诉我，自己最不可原谅的错误是为了获得毒资，在家里又砸又闹、连骗带抢，甚至逼迫七十多岁的奶奶去帮他筹钱。内心偶尔平静下来的时候，特别是在戒毒所里戒断毒品、逐渐恢复理性后，每每想到这些，他在愧疚中备感煎熬，他说自己简直就是魔鬼。

成瘾人员放纵自己的过程，是伤害自我、伤害他人和被他人伤害的过程。他们成瘾后的行为连自己都不能理解，更何况他人？逐渐被漠视、轻视甚至无视的他们，最后只能在吸毒成瘾者的圈子里获得些许慰藉。无人能懂他们，更多的时候，孤独的他们更愿意依赖毒品来减轻烦恼和痛苦。

好在来到戒毒所后，情况会发生改变。基本适应了戒毒所的生活后，大跃向我讲述了他的心路历程："来到戒毒所后不久，队长要求我们写成长经历和周总结。我的文化程度不高，对于这样的任务，我感觉很难，挫败感也很强。于是，各种委屈、牢骚、不满充斥于文字中，书写更是潦草。没想到，对于这样的文字，队长竟然看得既认真又仔细，还做了详细的批注，这样用心的反馈，让我既惭愧又感动。既然队长愿意了解我、接纳我，我也愿意说出自己的困扰和痛苦，就这样，在队长如沐春风般的谆谆教导里，我学会了觉察，进行了反思。想想自己带给亲人们的困扰和亲人们对自己的宽容，我无地自容，幸好，自己的良知还未完全泯灭，它给予了我力量和勇气，让我明白这样的生活不是自己想要的，我要改变，一定要改变。”

像大跃这样从与民警的谈话中、周记的批注中、日常的关心中改变自己初始的抵触情绪的人有很多，他们对民警、对强制隔离戒毒所、对戒毒生活的接纳程度越来越高。当我们愿意用真诚袒露自己时，他们也慢慢打开心扉。当感受到我们关注的目光、共情的言语、感同身受的文字，感受到自己被看见、被理解、被尊重时，他们就会觉察到更多戒毒的意义，更愿意毫无保留地与天堂河融合在一起，过好戒毒的每一天。

“天堂河不相信绝望”，这不是一句盲目的口号，而是相信当他们与天堂河相遇时，内心被滋养后，能在绝望的岩石上开出希望的花朵。

魔鬼？天使？

小隽在朋友的推荐下体验到了那种神仙般的“快乐”，对于这飘飘欲仙的感觉，他完全难以自持，一头扎入其中。从那以后，小隽最厌恶的就是这种“快乐”的享受过程被打断，在他看来，这如同魔鬼把他从幸福的“天堂”拖回了残酷的“人间”。为此，小隽决定逃离“魔爪”，继续享受“神仙”般的快乐。

可没过多久，小隽不得不停下来，他发现“快乐”的源泉需要用钱财才能换取。为了获得钱财，小隽不得不回到“残酷”的“人间”。曾经为他提供钱财的父母现在已经无能为力了，他只能另想他法。

小隽的苦恼在他见了一个“福音天使”（有偿提供“快乐”源泉的贩毒者）后得到了解决，他想到自己也可以成为传播“福音”的“天使”。于是，小隽投入全部精力、时间来“修炼”，因为他知道传播“福音”后虽然可以不再被钱财困扰，但他需要为此冒险，同天敌——“魔鬼”斗智斗勇，危险随时会出现。

为应对危险，小隽购买了大量的监视、监听设备，还向其他“福音天使”虚心求得“袖里乾坤”之术。之后，小隽认真研读设备说明书，反复试验，仔细把装备安装在暂住地和家里，小心地将部件、木马安装到常用联系人的通讯工具中。在自我保护的斗争中，小隽取得了很好的战果，有效地降低了与“魔鬼”接触的风险。他自言曾十几次成功脱险。但这个过程也出现了很多尴尬，如常用联系人发现了小隽的“猫腻”，好在小隽巧妙地化解了不满；也有常用联系人因此与他大吵大闹，他不得不低头道歉，拆除部件，不再联系。尽管出现过几次危险，小隽曾被拘留、送往社区戒毒，但强烈的危机意识让他更用心地练习“袖里乾坤”之术，以处理突发状况。

命里的劫难最终未能逃脱。危险来临时，已经骨瘦如柴（身高170厘米、体重100斤）的小隽果断运功施法，运用了专为“危难时刻”准备的终极法术——“吞天大法”，将用胶带缠裹的刀片果断地吞进身体，同时“勇敢”地把钢针刺进了上臂。沉睡了近三百个小时后，小隽竟清醒了过来，他意识到终极法术终究不能拯救他，传说的“黑暗”之地——“天堂河炼狱”才是他的归宿。

小隽来到他先前极力逃避的“天堂河炼狱”，“神仙”落入“炼狱”，是如此痛苦。小隽发现“天堂河炼狱”不仅要求多，而且管理严，这让散漫成性的他备受煎熬。更让人抓狂的是，他还要参与从小就讨厌的一项活动——学习。对小隽来说，在“天堂河炼狱”的生活简直度日如年。

经过一段时间的适应，小隽发现“天堂河炼狱”里的“魔鬼”居然非常善解人意，很了解吸毒人的苦闷和孤独，慢慢地，这些崇尚享乐、“自由”的“神仙”们变得愿意敞开心扉，把心里的惶恐不安、困惑与烦恼告诉“魔鬼”们。渐渐地，小隽与他的前辈一样适应了“天堂河炼狱”的生活，甚至还找到了快乐。他积极进行自我管理，热心帮助他人，获得了同伴的信任和“魔鬼”的肯定，在有序和谐的生活中，他的每一天都过得充实快乐。

最近，小隽有了新的困惑。他先前对“天堂河炼狱”一直避之不及，因为他无法想象没有自由、没有“神秘物质”的灰暗日子该怎样度过。可事实似乎并非如此。他发觉自己越来越重情，以至于对天敌——“魔鬼”都心存感激。静心回看，他发现自己只沉迷于享乐，而忽略了身边的很多美好。他开始反思自己曾经的生活：一心贪图享乐的自己给别人带来了什么？为什么别人称那种“神秘物质”为“毒品”？为什么亲人对自己避之唯恐不及？自己到底是“神仙”还是“魔鬼”？干扰、阻止自己享受“快乐”的人真的是“魔鬼”吗？

觉察：变之始

戒毒是有规律的。世界卫生组织认为，吸毒成瘾是一种慢性脑病，且存在极大的复发（复吸）性，但吸毒可控，也可预防。所以我们既要对戒毒问题抱有乐观的预期，又要清醒地看到其高复发风险。作为从事司法行政戒毒工作的民警，我们需要对戒毒者有足够的包容、耐心、信任和理解，相信能唤起他们的戒毒动机并且使他们付诸行动。我们要让戒毒者明白，戒毒过程中偶尔出现复发（复吸）状况符合慢性病治疗规律，不要轻易放弃戒毒的决心。只要遵循科学戒治规律，及时回到治疗－调理－戒治－保持的防控、防复发的正轨，就可以避开沉沦怪圈，不再因陷入习得性无助而无法自拔。

习惯或行为的改变是需要理由的，最直接的动力就是意识到某种习惯或行为有问题。如糖尿病人是需要控制血糖的，但糖尿病形成期间很少有人会控制血糖、调整饮食，只有当糖尿病被确诊时，这些病人才会接受医生的建议，对糖尿病保持警惕，开始改变饮食和生活习惯，使用控糖药品。

在与强戒人员小隽深入沟通时，我问他："你是什么时候意识到吸毒是个问题的？"

对此，小隽侃侃而谈："岳队长，我是从 1998 年开始玩'冰'

的，在这次被抓之前，我从没想过‘冰’会有问题。不知从什么时候起，我发现自己缺乏安全感，不敢与人接触。为此，我买了大量的监视、监听设备，装在自己的住所里，还在家人、朋友的手机上装了监听部件（包括几个吸毒同伴和拿、送货的上下线），每天除了吸毒，我花的时间最多的就是这些设备。我相信在这些装备的保护下，自己可以避开很多危险，那种掌控所有的感觉让人很有成就感。不过，误会和麻烦也会有。有一次，我约了同伴来家吸毒，她进来的时候我已经一切准备就绪。正要一起吸毒，电话响了，是朋友约我取货，想着来回也就40分钟，于是我安抚好同伴就出门了。办完事，正准备回来，突然疑心病发作，拿出手机监听同伴，听到房间里有声音，感觉不妙，立刻起身，仅用了10多分钟便开车回到了住所。一脚踹开房门，一把拎起高尔夫球杆冲进了房间，同伴被吓得六神无主。转了一圈，并没有发现什么异常。现在想来，我的这些所作所为存在问题，但在被抓之前，我一直不认为是问题。”

“我被抓后迷迷糊糊地睡了10来天，后来进行了一个多月的隔离脱毒。这期间，为了争取‘自由’，逃避公安机关的处理，我不惜吞食异物，这是我从别人那里学来的所谓‘安全措施’，现在想来，这既害己又害人，不仅没能逃避处理，而且让自己痛苦了很久，真是得不偿失。这种对外界刺激产生不计后果的盲目、冲动行为，我想正是毒品对人产生的危害之一，是很大的问题。”

“在戒毒所两个多月后的一天，您组织我们新人开班会，聊起对强戒的看法，大家说了很多。有人提出：‘戒期要是能短一些就好了。’‘多短才好？’您问。‘要是三个月就能接受了。’您接着问：‘如果真有这样的机构，你们会去吗？’大家有的表示不知道，有的询问是什么样的机构，有什么样的要求。我当时愣住了，不禁问自己，会去吗？静下心来后，我想如果自己不在戒毒所，肯定不会去，当初自己要死要活地折腾，就是为了逃避一切形式的戒毒。虽然知道吸毒的后果不堪设想，但我仍与包括父母在内的亲朋好友斗智斗勇，看似做着聪明的选择，可都是在‘赌’，在侥幸中为自己的‘安全’付出更多的代价。本应在七天拘留时发觉问题，然而没有，还应在社区戒毒时发觉问题，然而还是没有，偏偏到了强戒所里才发觉自己的问题。前两天进行体能测试，我称了体重，发现增长了近20斤，想着自己强戒前才100斤，长此以往人就废了，可自己就是觉察不到，唉，我真是病得不轻!”

虽然肥胖患者对肥胖带来的危害有所了解，但往往抵挡不住美食的诱惑。吸毒者也是这样，尤其是对毒品的危害感触还不深的吸毒者，虽然他们对毒品的危害未尝不知，但难以抵挡毒品带来的“快感”。所以我们需要帮助身边那些对毒品还缺乏认识的吸毒者，以及那些不愿面对惨痛现实、仍在麻木逃避的成瘾人员，让他们深刻意识到毒品的恶毒所在，对固化的自动认知模式产生冲击，从而触发改变的念头。在这些主动或被动的改变过程中，戒毒者会产生懈怠情绪和侥幸心理，需要我们持续监督，严密防控。

相信生命里的那束光

使用成瘾物的感受是“美好”的，而戒断成瘾物会让人痛苦不堪，要彻底摆脱成瘾物，戒断的决心和动力必须足够强大。成瘾者的戒毒过程其实是克服恐惧的过程，他们恐惧戒毒的痛苦，恐惧戒毒的失败，恐惧内心孤单、无所依靠的感觉，恐惧戒毒所这个被限制自由的环境，强制隔离戒毒更是加深了戒毒者的恐惧程度。

常常听到这样的说法：“想想两年没有自由的生活，我肯定不会再吸了。”还有这样的说法：“因为两口‘烟’而戒毒两年真不值得。”强制隔离戒毒给人的感觉更多的是恐惧，他们在来所之初并没有真正的戒毒态度。经过最初的适应期后，多数人才正确认识强戒的意义，随着对毒品危害的认知加深，他们逐步掌握戒毒技能，为回归社会后继续远离毒品奠定坚实的基础。

只有理由充分、动机强烈，如为了重要的人（父母妻儿）、重要的事（创业、孕育下一代），或者压力（环境、舆论上的压力）的缓解，成瘾者才愿意竭尽全力去对抗毒品的强大诱惑，战胜心中的恐惧。在戒毒的过程中，不断的学习和思考能使成瘾者加深对毒品危害的认识，明白人生的意义所在。只有当意识到人生的意义在于活得有价值、活得有尊严时，他们才会对堕落的成瘾生活、扭曲的心理、病态的身体、失常的精神懊悔万分，由此，外在的戒毒力量便转化为内在的戒毒需求，被他人认可与自我价值的实现成为人生的强大信念。此时，他们才能坦然面对毒品，逐渐摆脱毒品，最终远离毒品。

每个人的内心都有一束光，这束光可能会因为生活的灰暗而隐藏，可能会因为毒魔的掌控而淡忘，但这一束光一定不会消失，这束光是内心向阳的引力，是生命对美好的向往，是支撑人们前进的动力。

我们要做到的是相信这束光的存在，不论现在的生活有多糟糕，不论内心被毒品折磨得多痛苦，不论戒毒的路有多漫长。

我们要做的是相信这束光的存在，不论那个吸毒的亲人有多么让我们失望，不论他曾经如何无情地用毒品粉碎我们的生活，不论他曾经多少次发誓戒毒却都未能实现。

我们要做的是相信这束光的存在，不论帮助他们戒毒需要倾注多少心血，不论陪伴他们戒毒的路会经历多少起起伏伏，不论他们的心被毒品掌控了多久、摧残得多狠，我们一定要相信他们心里那束光的存在，并和他们一起朝着那束光坚定地走去。

你不再孤单

被他人理解和认可、拥有乐观的心态是幸福生活的基础，毒品成瘾人员最大的苦恼莫过于感到自己被亲人、朋友和社会抛弃。吸毒者最初接触毒品，虽然原因各异，但往往都源于孤独、苦闷等负面心理情绪，待尝到“甜头”之后，他们便一而再、再而三地放任自己，追求虚无的“美好体验”，一步步走向深渊。

毒品的吸食不仅危害吸毒者的身体健康，而且改变吸毒者的思想、行为和性格，形成以获取毒品为中心的生活方式，他们性情乖戾，焦虑、孤独，在社会生活中不断受挫，被他人否认，最终产生自我否认，造成伤人害己的后果。

家庭、社会更是毒品的受害者。初次吸食毒品的人多有恶心、呕吐等不适体验，这是身体开启了“自身防御系统”，积极抵御“敌人”的表现。随之而来的是让人飘飘欲仙的“快感”，它会植根于记忆深处，并刺激大脑源源不断地获取，而人的生理和心理对此会慢慢产生依赖。吸毒者为获取毒品往往不惜耗费大量时间、金钱，甚至不择手段，铤而走险，走上违法犯罪的道路，导致倾家荡产、妻离子散、家破人亡，给社会带来危害。

清朝中期，鸦片泛滥成灾，十几年间，造成无民耕种、社会不安的动荡局面。第二次世界大战期间，日本关东军为提高部队的战斗力，曾使用冰毒，战争后期，冰毒的副作用显现，导致部队的战斗力大幅衰减。第二次世界大战后，冰毒的使用使日本产生了大量的社会问题，“冰毒之害”震惊了世界。今天，各种毒品被精心包装后如潮水般汹涌而来，甚至向懵懂无知的青少年伸出了“魔爪”。目前，人们对毒品有诸多片面的理解，对吸毒者甚至有一些偏见，成瘾人员内心的体验、挣扎和对毒品的抗争往往被忽略，间接造成成瘾人员的孤立、无助，成为他们自暴自弃、破罐子破摔的无形“推手”。

“吸了毒，人就毁了，无可救药了”，这样的成见会让戒毒者孤立无援，失去斗志，走向不归之路。在助人戒毒的过程中，我听到过努力戒毒的感人故事，看到过成功戒毒后帮扶同伴的志愿者，但感受更深的是成瘾者觉醒时发自内心的彷徨。

我们是强戒所的警察，更是成瘾人员的“战友”，我们要做的是给他们强有力的支撑，引领他们走向与毒品决裂的戒毒之路，我们在打一场艰辛的戒毒战，我们和他们的亲友一样，希望他们早日摆脱毒品的束缚。我们会像守护自己的亲人、守护自己的健康、守护自己的尊严一样支持和陪伴这些从“毒海”中觉醒的斗士，勇敢地战胜毒品，撑起一片“无毒”的蓝天，找回属于自己的幸福生活。戒毒路上，你们并不孤单，因为有我们与你们同行！

集细流成江河

尽管成瘾者的内心非常渴望被理解、被接纳、被认同，但关起的那扇“心门”阻隔了他们与外界的交流和沟通。要打开这扇“心门”，一来“心门”内的人要有推门的意愿并付诸行动，二来“心门”外的人最好能“拉”一把，减少推门的阻力。内外结合，给“心门”内的人更多的勇气和信心，他们就更容易从封闭的黑暗中走出来。当然，对于“心门”内的人来说，当知道自己真正想要的生活后，一定要酝酿出强大的力量，竭尽全力“推门而出”。

大跃最近告诉我，满心愧疚的他非常想念奶奶，很想给奶奶打个电话，听听奶奶的声音，但他又担心奶奶会严厉地斥责他，以至于因情绪过于激动而影响身体。那天做完题为“我的价值”的折纸游戏，已到不惑之年的大跃很有感触，他说看着手里握着的代表自己剩余生命年限的小纸条，不禁悲从中来，他想到了辛苦养育自己、生命随时可能终止的奶奶，因为不争气的自己，奶奶操碎了心。他希望奶奶知道自己现在的想法，希望奶奶因为自己的改变而生活得好一些，不再为自己担惊受怕。

多次表达跟奶奶通话的想法后，我鼓励他增强信心，积极与奶奶沟通，以良好的表现给亲人们生活的希望。电话接通后，传来奶奶熟悉的声音，大跃情不自禁，泪如泉涌。大跃告诉我，奶奶没有指责他，而是叮嘱他好好表现，早点回家。知道他真心想戒毒，奶奶非常高兴，她说自己的生活有盼头了，一定会等他回来。打完这通电话，大跃终于放下心来。

大跃，好样的！正是因为有了改变的决心和动力，才有挑战的勇气和行动的力量。加油吧！

戒毒不只是吸毒者的事，也不只是从事强制隔离戒毒工作的民警的事。戒毒需要戒毒者自身的觉醒与努力，需要民警的专业帮助，更需要亲人、社会给他们接纳的胸怀，可能只是一个善意的微笑，可能只是把他们当成一个普通人，可能只是举手之劳给他一个机会拉他一把，也许他们的心门便可以开启，他们会从点滴的接纳、尊重、温暖中集聚更大的力量，更勇敢地与毒品抗争。

沟通是心与心连接的桥梁，让情感在沟通中真诚地交流，让信任在沟通中慢慢地积淀，让勇气在沟通中茁壮成长，让我们用沟通传递对戒毒者的支持，让各路支持的“涓涓细流”汇集成与毒品抗争的“滔滔江河”吧！

让心（鑫）不再痛

20世纪80年代，小鑫出生于东北某省的一个林场。出生后没多久，小鑫的父亲因违法被判无期徒刑，入狱服刑。三岁时，母亲在万般无奈下离开了小鑫，选择再嫁。小鑫由爷爷奶奶抚养长大。小鑫对自己小时候印象最深的是每次向邻居们打招呼后，邻居们都笑着对他说："多好的孩子，就是没爸没妈，真可怜。"

母亲每个月都会从50千米外的县城来林场看望小鑫，离开时，他会默默地跟在妈妈身后，走得很远很远。十四岁的时候，爸爸回来了。他对那天的印象很深，自己是哭着扑到那个男人的怀里的，而且哭得很伤心，那一刻，他似乎把心里所有的委屈都发泄了出来。

然而，父亲的回归是他噩梦的开始。经历过判刑事件的打击和十四年监禁生活的父亲回家后意志消沉，整日酗酒，不务正业，成天和爷爷奶奶吵架，还经常把小鑫当"出气筒"，随手打骂。

1998年，不堪忍受父亲家暴的小鑫选择了离家出走。十四岁的他没有足够的生存能力，到处流浪，过着小偷小摸的生活。为此，他付出了沉重的代价，经常出入公安局，成为警察的"熟人"。偶尔，小鑫会去找妈妈，但他不敢将实情告诉她。尽管如此，妈妈还是得知了一二，她心痛万分，偷偷给他塞钱，留他食宿。但妈妈有新的家庭，小鑫不想让妈妈为难，很少去找她。2003年，小鑫因抢劫被判刑十年。后因表现良好，刑期减至七年。每年，妈妈都会去看他。

2010年，小鑫被提前释放。出狱后，在狱友的安排下，他来到杭州，靠放高利贷生活。“工作”之余，小鑫会和朋友们一起到歌厅玩乐。有一次，小鑫看到有人将一包包白色粉末倒在桌子上，用刮板将粉末刮成条状后，再用吸管吸食。在朋友的劝说下，小鑫也跟着吸起来。由于是初次吸食，小鑫感觉头昏眼花、恶心难受，为缓解不适，朋友又拿出玻璃锅和水瓶做的烟具，让他吸了冰毒。从此，小鑫染上了毒瘾。

回家探望时，妈妈发现了小鑫的异常。再三询问下，他把在杭州的生活情况告诉了妈妈。经过妈妈苦苦相劝，小鑫终于同意留在了家乡。后来，靠自己的勤奋，小鑫在家乡开了一家烧烤店，既能赚一些辛苦钱，离家也近，妈妈很开心。没过多久，一位美丽善良的姑娘被小鑫的勤劳和热情所吸引，小鑫收获了美好的爱情，两人顺利成婚。

小鑫的妻子善解人意，通情达理。夫妻俩经过商量，还把老家的奶奶接了过来一起生活。不久，他们可爱的女儿出生。为方便妻子上班和照看老人、小孩，小鑫把店面转让了出去，专门料理家事。后来，奶奶被接到了大爷家生活。只需照看女儿的小鑫变得悠闲起来，经常参与赌博，在赌桌上，他再次接触了毒品。从那以后，夫妻俩的矛盾和冲突不断，小鑫经常夜不归宿，他的吸毒行为慢慢公开化。事后，岳父找到小鑫，劝说他为了孩子的健康成长，解除与孩子妈妈的婚姻关系。小鑫接受了建议。

离婚后，小鑫内心极度痛苦，失魂落魄的他带着因吸毒结识的“冰妹”来到北京。租房时，看到同行的“冰妹”与房东发生争执，情绪低落的小鑫对房东进行了殴打，他因此被公安机关抓获并判刑一年半。接连遭受打击的小鑫觉得自己被社会、被家庭抛弃了，便对生活失去了信心，甚至连活下去的勇气都没有了。后来，妈妈专程赶来看他，经过耐心的劝说，他幡然悔悟，有女儿、妈妈、奶奶的他，还有通情达理的前妻，什么时候被家庭抛弃过呢？是毒品害了他，他恨可恶的毒品，恨不争气的自己。想到女儿需要父亲的陪伴，想到父母需要儿子的照顾，小鑫决心出狱后不再沾染毒品。

出狱后，为了让女儿生活得更好，小鑫又来到北京寻找适合的工作。为了更好地管住自己，小鑫甚至把妈妈和继父也带到了北京。可事与愿违，仅仅三个月后，小鑫便经受不住朋友的劝说，再次吸食了毒品。复吸后的他很痛苦，懊悔不已，躲在外面不敢回家见妈妈。可他又实在抵抗不住毒品的诱惑，以“再吸一口，注意点没问题”等自欺欺人的理由为借口多次吸食。

小鑫在毒品的深渊里越陷越深，无法自拔。有一次在检查站被盘查进行尿检后，结果呈阳性的他再次被拘留。拘留期满出来后，小鑫更没有颜面回家见亲人，干脆破罐子破摔，开始放纵自己。

这一次，在北京市东城区某KTV，小鑫因醉酒闹事被带到派出所。酒醒后，他被要求进行尿检，检查结果为苯丙胺类阳性。他承认了自己吸食冰毒的违法事实，之后被处以强制隔离戒毒两年。来到强戒所后，我真切地感受到了小鑫的无助、自责、沮丧，甚至感受到了他对生命的麻木。为此，我劝慰他：“你一定不希望女儿的成长没有父亲的陪伴，不希望自己小时候的经历在女儿身上重演，所以，作为一个男人、一个父亲，应该承担起责任来。你来这里只有一个目标——戒毒，这两年，就让我们一起把碎掉的‘鑫’缝合起来，并轻轻抚平；培养好戒毒的习惯，学习好戒毒的本领，早日回到女儿身边，陪伴她幸福地成长。只要充实地过好每一天，两年的戒毒生活一定会让你有底气面对家人。其实，不吸毒的你勤劳肯干、踏实诚信，你既因此收获了爱情，又得到了朋友的认可。只要你能戒掉毒品，一切都可以得到救赎。”

小鑫有阳光积极的一面，他善良懂事，聪明过人，是父亲的负能量把他带离了正轨。独自在外漂泊流浪的时候，自尊心极强的他不愿拖累母亲，接受母亲的帮助，单纯地想要靠拳头战胜命运，最终锒铛入狱。看到母亲痛苦、担忧的泪水，他不愿母亲再为自己伤心，想在母亲面前证明自己的强大，于是靠着一腔热血停止了毒品的使用，同时靠自己的吃苦耐劳精神和较强的学习能力，在家乡站稳了脚跟，收获了蒸蒸日上的事业和幸福的小家庭。可是光凭一腔热血并不足以打败“毒魔”，小鑫再次落入毒品的“魔掌”。好在对孩子的愧疚激发了他戒毒的动力，很快又点燃了他生活的信心。毒祸就是这样反复消磨人的意志、尊严和信心。

作为戒毒人员的引导者，我们一定要引领他们接纳自己、接纳现实、接纳过去，帮助他们激发戒毒的信心与动机，掌握与毒瘾抗争的科学方法，让他们身上上演的一幕幕人生悲剧不再重现，让他们的心不再因毒品而痛苦！

谢谢你的坦诚

觉醒的激情虽然能够产生强大的推动力，但它会随着时间的推移而减弱，不能长久稳定地保持前行的动力。所以，作为戒毒人员，每每感觉自己的戒毒动力不强的时候，一定要坦诚地说出来，敢于向他人求助，获得亲人的理解和支持，只有这样，面对复吸的种种高危情境，才有底气说“我能行”。

大宏是在 23 岁时吸食毒品海洛因的，他清楚地记得那是在 1994 年。吸食海洛因的两年间，他给家人带来了巨大的伤害。1996 年，他和父母心平气和地坐下来进行了深入的沟通，一致决定把毒戒掉。为此，大宏办理了停薪留职手续。后来，他参加过多次不同机构组织的戒毒活动。为了戒毒，他还曾主动脱离原生活环境半年，可戒毒效果并不理想。

1998 年年初，他和父母对戒毒经历进行了讨论，总结了戒毒失败的原因，大宏决定做到以下两点：一是要积极面对戒毒的事实；二是要接受父母的帮助和陪伴。父母找到大宏的单位领导，深入沟通后得到领导的理解和支持，恢复了他的工作。大宏和父母约定，没有父母陪伴，不能离开工作环境。工作之外，父母尽最大的可能陪伴在大宏左右。对此，大宏深有感触，他明白戒毒的成功离不开家人的支持，以及朋友、邻居、同事的理解。他告诉我：“有家人和朋友陪伴在身边，似乎自己有了‘左膀右臂’，力量很强大。即使有蠢蠢欲动的想法出现，也会立刻坦诚地告知身边的亲朋好友，大家一起把这些想法扼杀在萌芽阶段。”

渐渐地，大宏的生活规律了，对毒品的敏感度越来越低。一年后，他的良好生活习惯基本养成，父母可以稍微松些手；两年后，大宏得到了大部分人的信任，父母的监管越发放松，他已经习惯于每天规律的工作和生活方式，毒品几乎不在他的脑海里出现；第三年，大宏开始恋爱，然后结婚，有了孩子。正是基于大家的共同努力，大宏成功戒毒并保持了近二十年。

稳定而美好的生活一直持续到 2013 年。一天，大宏在街头遇到了昔日的毒友，闲聊后，他心中对毒品的“美好”记忆被唤起。强烈的体验渴求引着大宏追寻到了毒友的住处，虽已戒毒多年，大宏这次却没能抵抗住毒品的再次诱惑，无可救药地开始复吸。头一次复吸，他告诉自己“偶尔吸一次不会上瘾”。二十天后，他再次使用毒品，告诉自己“这是最后一次”，吸完后他很理智地扔掉了所有与毒品有关的物品（包括剩余的一半毒品）。第三次毒瘾发作，他忍耐了三天，再次屈服。复吸后，他担心父母年龄大了承受不了这个结果，担心妻子知道后会产生强烈反应，担心这样的情形会影响孩子的成长，所以一直瞒着他们。三个月后，他被送至戒毒所进行强制隔离戒毒。对这一结果他虽早已有心理准备，但当一切真正来临时，他还是觉得天塌了下来。

2015 年 9 月，当我遇到大宏时，他已临近解除强戒。他庆幸自己还能拥有一个完整的家，还能在家人的理解和支持下再一次进行戒毒。如今，有了完善的社区戒毒制度，大宏相信这有助于自己更好地脱离吸毒环境。

复吸给大宏带来两点警示：第一，牢记“一朝吸毒，终生戒毒”，不能盲目地认为对毒品的“美好”体验会随着时间的推移而淡化，给它一丝喘息的机会，它就会生根发芽，所以不能有丝毫的松懈，要有斩草除根的决心；第二，对毒品不能心存侥幸，不给自己任何突破底线的机会。

大宏清楚复吸的后果有多严重，亲人将要愈合的伤口被狠狠地撕开，亲情又遭受了一次痛苦的考验。复吸给了大宏两个深刻的教训：一是在高危情境下要及时拉响“警报”，制订应对预案；二是时刻告诫自己不是一个人在战斗，家人是成功戒毒的有力助手，过去近二十年能远离毒品正是源于家人的支持。这次复吸，从身处高危情境的偶吸、控制不住的痛苦挣扎，到对欲望的麻木放任，都是形单影只一个人在面对，所以最终一步一步陷入毒魔的手掌。

大宏成功戒过毒，他毫无保留地与我分享自己的经历。我理解他，也很感谢他给我的帮助，让我对有效保持操守有了新的认识和思考。我相信，只要对毒品保持足够的警惕，持续性地获得家人、亲友的支持，他能兑现自己的戒毒承诺。

坦露你的真实感受，告诉我们你的无力感，在你快要失去力量和勇气时发出呐喊，这一切都是你勇敢的体现。看见了你的脆弱，感受到了你的需要，体会到了你的担忧，我们才能更好地帮助你找到克服困难的方法，让你从困境脱身。衷心地谢谢你，让我们看见了一个真实的你！

装好“行囊”，送你回家

“回归社会指导”是天堂河强制隔离戒毒所为即将回归社会的强戒人员开设的体验课程，戒毒志愿者莉子在该课程授课期间会来所与戒毒人员进行交流。她经常分享的是“与家人的沟通相处之道”。她说经常接到戒毒人员的诉苦电话，电话中多有对家人的抱怨。其实，她自己也有相似的经历。

决定不再吸毒后，为了不让家人担心，戒毒者一般会闭门不出，选择在家陪伴家人。无聊的时候，他们会想起毒品，为了转移注意力，他们开始看电视、玩游戏，但电视和游戏也容易让人成瘾，慢慢养成熬夜的习惯，这样，仿佛又回到了以前吸毒的状态，逐渐引起家人的关注。他们会在嘘寒问暖中偷偷进行“监视”，如以送水果、送热水、打扫卫生等理由频繁地出入戒毒者的房间，甚至到处翻找可疑物，寻找蛛丝马迹。对于这些，戒毒者心里很清楚，也明白家人的良苦用心，但感觉怪怪的。

莉子曾说起她的一次网购经历。那次，她在网上买了些咖啡、方糖、冰糖等，是妈妈收的快递包裹。收到并打开包裹后，妈妈皱着眉，小心翼翼地问：“莉莉，最近有什么不顺心的事吗？”莉子诧异地摇摇头。妈妈又问：“你的快递包裹到了，买的是什么？”莉子回答：“就是些饮品，咖啡、方糖什么的。”妈妈意味深长地说：“以后这些东西不用从网上买，我帮你买吧!”小莉忽然意识到了什么，她哭笑不得，连忙打开包装，让妈妈查验，尽管看到了实物，妈妈仍然将信将疑。小莉很无奈，产生了深深的无力感，她不知道这种草木皆兵的状态什么时候才能结束。

家是心灵的港湾，但我们不能时时躲在港湾，也要走出去经历风雨。戒毒者曾经的放纵会让家人的心弦紧绷，他们觉得只有戒毒者时刻在自己的视线范围内才能踏实。很多戒毒者都有过这样的经历：晚上与朋友、同事聚会，才八九点钟，谈兴正浓时，家人的催促电话会一个接一个来，让人扫兴，尴尬不已。如果不接听电话，就要做好回家后被盘问的准备，这种深深的不被信任感让人郁闷不已。这些经历小莉都有过。为了她，妈妈曾经将自有的房子出租，带着她到处租房子住，过着四处搬家的漂泊生活。平时，只要晚上九点她还没回家，妈妈的电话就会打来。一次聚会后小莉和朋友一起去唱歌，凌晨一点到家后发现妈妈房间的灯还亮着。早上醒来，发现手机上竟然有 11 个妈妈的未接电话。后来，妈妈很详细地盘问了她未接电话的原因，并要走了她的好朋友和同事的电话号码。在这样的情形下，吸毒者会产生想要逃避的烦躁心理，而家人会更紧张、更敏感。

小莉与强戒人员分享自己的经历，是希望先引起共鸣，然后带领大家一起寻找原因。家人的过度敏感往往源于被伤害后留下的阴影，不堪的吸毒经历不仅会让吸食者本人伤痕累累，而且会给家人留下永远的伤疤。为了获取毒品，成瘾者往往不择手段，不达目的不罢休，甚至丧失原则，踩踏底线，采取偷、骗、抢等违法行为，让家人颜面扫地，无地自容，在精神上受到严重的伤害，以致“一朝被蛇咬，十年怕井绳”，产生过度敏感的言行，需要戒毒者用十倍、百倍的努力去弥补。对于戒毒者来说，需要接受这种现实，给自己和家人多留些互相了解的机会，坦诚地和家人进行沟通，用语言宽慰家人，用行动说服家人。

每每看到快要出所的强戒人员，我们都会打心眼里为他们高兴，对他们即将回归社会开始新的生活充满期待，但常常会听到他们述说与家人相处的担心，害怕家人不相信自己，这个时候，我们又为他们忧心忡忡。所以，在回归指导中，我们会告诉他们很多修复家庭关系的方法，希望他们与家人之间相互理解，构筑健康良好的互动模式，形成畅通的沟通机制，让他们与家人之间的裂痕渐渐修复。

强戒期满，我们不仅仅目送他们走出强戒区大门，而且早早为他们准备好“行囊”，装上坚持戒毒的信心，储备充足的心理营养、面对困难和挑战的勇气和重新开始生活的希望，放心地送他们回家。

回归的“困扰”

回归家庭、回归社会后，强戒人员最大的困扰是亲友、社会大众的误解和歧视，强戒人员特别是有过强戒经历的人员对此往往有强烈的委屈感。他们遇到的困扰很多，主要包括以下几个方面：一是求职面窄。很多工作岗位要求求职者无违法犯罪记录，特别是在容易就业的服务行业。二是不易取得他人的信任。如选择自主创业，从筹资、寻找合作伙伴、办证到筹备设施等，几乎所有过程都会因吸过毒的阴影而经历重重困难。三是曾经吸毒的经历会给戒毒人员的日常生活带来很大的不便，包括驾车的受限、身份信息的频繁查验等，来自社会的“有色眼镜”甚至让人产生窒息感。吸毒人员宝强曾说过：“在外面工作和生活会有很多顾虑，为避免麻烦，我不会暴露自己的吸毒史。每每遇到身份的调查，我都会紧张不已。与朋友、同事聊天，也会刻意回避或隐瞒，时刻生活在焦虑中。这种戴着‘面具’生活的方式非常影响情绪和心态，让人疲惫不堪。”所有这些严重压缩了强戒人员的生存空间，削弱了曾经强大的戒毒力量。

毒品对成瘾者的影响无疑是深刻的，人的身心对毒品的依赖会长时间折磨他们，极大地考验他们的戒毒决心和心理承受能力。强戒人员最大的痛苦就是不能也不敢向亲朋好友倾诉自己戒毒的困扰。被毒魔伤害过的亲友对毒品是敏感的。假如某一天强戒人员突然说

“今天我想吸毒”，家人对这句话的反应可想而知。而这种念头一时又无法被抹去，因此，他们往往会选择自己一个人孤独地忍受。客观上来说，成瘾者经常出现吸毒的念头是正常的，偶吸问题的出现也不是不可理解的，重要的是家人要正视这个现实，始终关注和支持他们，并且采取适当的方法帮助他们渡过难关，成为他们与毒品战斗的坚强后盾，让他们毫无顾虑，勇往直前。

吸毒人员的人生之路起起伏伏，内心的煎熬，戒毒的艰辛，使他们需要更多的支持和陪伴。风雨越大，越易迷茫；长路难行，越易恐惧。风雨中更需要一个坚强的撑伞人，跌跌撞撞的途中更需要坚定的引路者。希望有人能陪他们走过进进退退的旅程，不论风雨，不论泥泞。

分内分外皆工作

在班会上，我曾给强戒人员们读过一封写给家属的信，目的是希望大家一起来完善信的内容，以更贴近戒毒生活，说出戒毒者的心声，让家人理解和支持戒员。景元有感而发："家人对我的信任在戒毒—复吸—戒毒的恶性循环中慢慢消失，其实，我很痛苦，一直在自责，但没有人相信我。我很希望家属能了解我的心理，不想让他们继续误解我，认为我没有廉耻心，不思进取，没有责任感。"

我知道写这封信是有意义的。因为戒毒不是一个人的事，是一个家庭甚至是全社会的事。这封写给家属的信引起了戒毒人员的共鸣。戒员与其家人之间只有进行充分的沟通，才能互相信任。经过积极的讨论，大家一致认为：把自己的想法和心路历程以文字的形式表达出来，是获得家人谅解和支持的有效方法。

我们的工作对象不只局限于强戒人员，还会延伸到他们的家庭；我们的工作不仅仅是对戒毒人员进行两年的戒治，而且是用两年的时间为他们今后的人生打好基础，织补家庭关系的破洞，修复心灵的伤痕。看似我们做了分外的事，其实，但凡对戒毒有利的事，都是我们的职责所在，心之所系，分内分外皆工作。

心灵沟通，真诚相伴

强戒人员景元曾对我说：“我觉得你们很虚伪，总说一切都会好起来，家人等我回家好好生活。这话我听起来特别刺耳。回家对我和家人来说就是灾难。其实对生活我已经不抱希望，但你们还总在我面前提及家人，我听着很不舒服。”

韩志也对我说过类似的话：“队长经常鼓励我好好表现，争取多加分，通过评估，早点回家。我是服了 8 个月的有期徒刑后过来的，在这种情况下，就算所有能加的分都加上，也很难提前回家。我是四十多岁的人了，这账能算清楚。听到别人对我说的有些话，我只能一笑而过。”

要助强戒人员一臂之力，必须了解他们的心理。“你肯定能把毒戒掉”“回家后好好努力，两年就能回到从前的生活”“好好干，争取得到评估减期的机会，早日回家”，这些话看似都对，但不同的人对此会有不同的体验。随意的敷衍和缺乏针对性的盲目鼓励是走不进戒毒人员心里的。

要走进强戒人员的心里，需设身处地站在他们的角度，去感受和体验，身教优于言传。

小鑫的经历前面有过详细的介绍，他向我讲述了自己的感受：“刚来天堂河强戒所，大队长在新班队列训练动员会上曾这样向我们解释‘强制’的意思：‘强’是指通过两年的隔离生活让内心变得强大，能够面对一切苦难，包括摆脱毒品的掌控；‘制’是指控制好自己，远离毒品。做到这两点，离成功戒毒就不远了。我特别认同李大队长的说法。队长您在‘我看队列纪律’班会中的总结也很好：队列训练是苦、是累，但这是我们的一种责任担当，也是我们为自己赎罪的一种方式。队列训练既能锻炼体质，又能提高我们的自控能力，改掉我们自由懒散的恶习。比如在严寒或酷暑中练 30 分钟站姿，在队长的陪伴下，我们才熬了下来，体会到了坚持后的喜悦。那次您为了让家属了解我们毒瘾发作时不自控的状态，支持和鼓励我们戒毒，和我们一起讨论了给家属写信的内容。这既教育了我们，又让我们认识到了专业戒毒的科学性和规范性，对出所后的生活充满了期待和信心。”

戒毒的过程中，小鑫还在观察民警的所作所为，与民警们产生共鸣后获得转变的原动力。小鑫有过成功戒毒的经历，但对戒毒仍存在畏难情绪，我从言行中觉察到了他的困扰，便专门找他谈心，与他一起回顾了初入队时的队列训练等戒毒生活的经历。小鑫感慨地说：“正如队长您所说，只要‘不沾毒’，我就会越来越好。以前戒毒失败，是因为我不懂科学戒毒的道理，盲目戒毒，打击了生活的信心。现在我学会了以科学的方式来戒毒，就像练站姿一样，先设定好一个个小目标，一步一步来，那样更容易坚持下去。我还会借鉴大队设立‘和谐友爱’计时牌的方法，清楚地标示自己保持操守的时间，相信自己能创造出一个又一个戒毒纪录。”

小鑫在适应强戒生活的过程中，明确了自己的戒治方向，但过去戒毒失败的经历在他心中留下了阴影。于是，我在班内就“毒品的好与坏”组织大家进行了讨论，一同制作出“吸毒损益表”，鼓励他们对吸毒行为本身、生命的意义和目标等进行思考。讨论后，我从小鑫那里得到了积极的反馈，我感受到他对责任的觉知加强了，一切都在向好的方向变化。

在恰当的时间进行的恰当引导建立在用“心”的基础上，只有了解并时刻关注扶助对象，干预措施才能够落在他需要的点上。

吸毒人员一定会因毒品成瘾行为而受到身心健康、家庭关系、经济困顿等各方面的困扰，身处困境，他们或多或少都会有改变的想法，甚至能付诸行动。改变的目标往往包括回归家庭、重获尊严、融入社会等。被送到强制隔离戒毒所后，强戒人员往往会产生强烈的心理冲突，进而产生焦虑、迷茫、忐忑、恐惧等情绪，这样的情绪体验是蜕变的强大动力。强戒人员产生情绪波动的时刻也是戒毒工作人员走入其内心帮助和支持其进行戒毒的最好时机。

强戒人员的最终目标是戒掉毒瘾，只有因势利导、用心帮助他们戒毒，才能走进他们的心里。“用心”两字是打开强戒人员情感大门的钥匙，只有“用心”，才能更有效地将他们拉出毒品的“泥潭”。

“天堂河精神”

我所带的新人班组于2016年12月下旬入所，2017年3月初，“所里将向东北某强戒所调人”的传言四起，而小鑫正是东北人，他的情绪因此受到了影响，于是放松了对自身的要求，致使班组连续被扣分。看到评比表中的积分，班组成员像被当头泼了一盆冷水，两个月来激发出来的劲头消失得无影无踪。班长向我反映：“最近班里出现了严重的扣分现象，我认为是因为有些强戒人员的情绪不稳定，有的觉得自己快要离开这里了，再怎么表现也无济于事，于是破罐子破摔了。”

我没有直接去找小鑫。这种现象我能够理解，其发生有必然性。每个人都会遭遇挫折，产生不良情绪，特别是强戒人员，回归社会后的不被理解和不被信任以及他人的偏见，还有他们内心的自卑与自闭，都会成为复吸的推力。

我在小鑫的周记上写下了这样的话：“每个人都有惰性，克服惰性，成功便有了基础。我一直很看好你，但现在你的状态，我有些担心。也许是去东北这八字没一撇的事影响了你的心态，但这暴露了你的弱点。‘借口’很好找，给自己降低标准很容易，但这是戒毒的大敌。你来强戒所不是为了混日子，你想为女儿撑起一片天，你想得到父母的原谅，你想得到朋友的认可，这些都需要你慎重考虑，做出正确的选择。”

成长永远不是一帆风顺的，更不是一闪念就可以完成的。强戒人员的反复、不稳定状态时常会影响民警的状态。在这种情况下，天堂河的民警们更愿意选择默默的守护、无声的接纳，他们不会对任何一个强戒人员失去信心，不会因一时的挫败而失去工作热情，他们会以真诚的陪伴、适时的引导，鼓励强戒人员永不放弃与毒品的抗争，这正是“天堂河精神”的一种体现。

戒毒工作无小事

戒治生活相对单调，每天在同样的环境里见同样的人、做同样的事，而成瘾人群具有易猜忌和情绪化的特点，相处中很容易出现矛盾。其实，很多时候矛盾并不在于事情本身，而仅仅在于某句话、某个动作。成瘾人员由于长期吸食毒品而导致脑神经和功能受损，他们的关注点都集中在毒品的获取和使用上，长时间沉浸于自己的世界中，对他人、环境的觉察能力大大降低。

某天，强戒人员阿超感觉室内空气不好，在未征求班内其他人意见的情况下便直接打开了窗户。而马峰觉得开窗冷，执意要关窗。两人为此发生了不愉快。马峰说，开窗虽然会降低室内温度，但他能够承受，问题主要在于阿超擅作主张，不征求意见便打开窗户。阿超辩解，马峰坐在离窗最近的地方，开窗后确实会感觉冷，自己擅自开窗的确欠妥，但受不了他为此大呼小叫。在民警的耐心调解下，两人很快意识到了自己的问题。问题并不难解决，如果阿超在开窗前能以商量的语气征求大家的意见："室内空气不好，能否开窗透一会儿气？"开窗后，马峰可以这么说："外面很冷，先把窗关上，过一会儿再开吧！"相信这样的说法大家都能够接受。

如同上面的事例，强戒所民警每天都在面对形形色色的情绪化问题。其实，很多矛盾的解决并不困难，一般来说，对于这些矛盾，我们有事前防范、事中调节、事后总结的一套处理流程，虽然每个民警处置起来会繁简不一，心态也会有所不同，但都要求矛盾双方敞开心扉，坦诚沟通，尽快意识到自己的问题，并积极改变，化解矛盾。从客观上来说，矛盾的出现并不一定是坏事，可以更真实地反映出强戒人员的问题，只要处置得当，他们的感触会更深刻，改变的动力会更强大。

戒毒工作无小事，每一个细节都可以成为我们开展戒治工作的契机。在别人眼里看似平常的小事，无关戒治的细节，都可以变成有意义的戒治工作素材，成为培植戒毒信心的营养和走向成功戒毒的阶梯，对于我和我的同事们来说，唯有不断学习，不断提高自己的专业能力，才能使戒治教育的影响深层化、戒治教育的效果最大化。

挖掘“问题”的价值

曾经看过一个报道：有一位数学老师要求做错题的学生将错题的解题思路和步骤分享给班里的其他同学，一方面加深学生对错题的印象，以后不再犯同样的错误，另一方面方便老师汇总不同题型的常见错误，为教学提供支持。这样做的教学成效明显。

所以错误并不可怕，改变对错误的态度，进行适当的引导，会收到意想不到的效果。

周末，大队组织洗衣服，期间赶上发放热水。洗衣服的老高赶不上接热水，满心以为班里的其他人会帮他接水，没想到迎接他的是空空的水杯，心中甚是不快，于是与班内其他人产生了矛盾。

周一上班，得知这件事后，我分别找来当事人了解情况。老高说：“我习惯喝热茶，因为洗衣服错过了接热水，但我当时并不在意，想着班里一定会有人帮我接些热水，没想到结果出乎意料，我很气愤，责怪班里的人太自私。”与老高发生矛盾的小青也向我描述了整件事情，与老高所说的没有太大的出入，只是两人看问题的出发点和角度不同。小青很委屈：“我以为老高的水杯已经有人帮忙续水，就没管，只是把就近的水杯续满了热水。结果被指责为自私，真是冤枉。”

了解到事情的来龙去脉后，我带着与“费斯汀格法则”有关的资料来到班里，准备就上述矛盾与大家一起进行学习和讨论。“费斯汀格法则”是美国社会心理学家费斯汀格（Festinger）作出的一个著名论断，他认为生活中的10%是由发生在你身上的事情组成，而另外的90%则是由你对所发生事情的反应所决定。它告诉人们：能帮助你的不是他人，而是你自己。生活中有10%的事情是我们无法掌控的，而另外的90%可以由我们的心态和行为来决定。

学习完“费斯汀格法则”的有关内容以及几个案例后，我对大家说：“上周末我们班里因为接热水发生了一些不愉快。今天我们学习了‘费斯汀格法则’，下面我们就运用这项法则，把事件的整个过程重新演绎一遍吧！”

情景再现的过程中，大家改变了心态。老高看到自己空空的水杯后并没有抱怨，而是说：“我今天因为洗衣服错过了接热水，如果以后再发生类似的情况，麻烦大家帮我接点水，先谢谢啦！”而小青也不再感到委屈，说：“老高，对不起，是我疏忽了，没有给你续水。你喜欢喝茶，饭前还要吃药，没热水是挺麻烦的，要是不嫌弃的话，我倒一些水给你？”如此一来，原先出现过的“火药味”荡然无存。结束后，小青感慨地对老高说：“改变心态后，我发现自己的情绪好多了。老高，我的脾气急躁了些，请你见谅。同在一个班，我们要互相帮助，下次再碰到同样的情况，我会更细心一些。”老高也连连责怪自己误会了小青。一场误会和矛盾就这样消解了。

我总结道：“‘费斯汀格法则’很有用，可以解决很多问题，不过，这样的应对能力是需要培养和训练的。面对一件不幸的事情，你可以大发雷霆、怨天尤人，甚至责备所有的人，但事情不会因此有丝毫改变。这种情况下，我们不妨这样想：不该来的事，没来最好；来了，也没关系。”

没想到，小华接着发言说：“刚进强戒所那会儿，我恨引诱自己走入歧途的人，恨自己无能，恨社会不能给自己足够的生存空间，甚至觉得所有人都亏欠自己。‘不该来的事，没来最好；来了，也没关系’这样的想法我觉得很好。前半生，我顺风顺水，周围的人都围着我转，养成了颐指气使的恶习，导致现在没人愿意接触自己。我应该学着接受现实，承担放任自己的后果。”

小华的分享对我的触动很大。平日里他就像班里的一个火药桶，随时会爆炸，一直是我的重点关注对象，没想到今天的讨论引起了他的共鸣。

强戒所很重视解决各种情绪性问题，因为这不仅是人员密集场所保证安全的需要，而且有助于强戒人员觉察自己、思考过往。处理因情绪化引发的矛盾问题，如果仅仅将问题局限在事情本身，往往会被各种细节所羁绊，在被动应对中徒耗精力，而通过真诚引路、寻找觉察、收获觉知能获得戒治人员的认同并让他们主动跟随，收到事半功倍的效果。

永远的“远离”

20世纪90年代，在好奇心的驱使下，老刘吸食了海洛因，由此一发不可收拾，天天沉迷于它带来的“快乐”，以至于神魂颠倒。后来，同胞哥哥因“扎蹦”（过量注射）死在了他的怀里。送走哥哥的那天，看着痛苦万分的爸爸、妈妈，在内疚和恐惧中，老刘下定决心戒掉海洛因。让人自豪的是，他不仅戒掉了，而且成为戒毒的榜样和志愿者，热心帮助身边吸毒的朋友戒毒。2008年，有一个朋友总向他借钱，老刘知道这个朋友是“瘾君子”，借钱是为了吸毒。看着朋友苦苦哀求的样子，想起毒瘾发作后身体的痛苦，老刘实在不忍心，便时不时接济他。这样持续了一年多时间后，一天，老刘忽然冒出一个念头：把钱给别人吸毒，还不如自己吸毒。这个念头一经闪现便“生根发芽”，再也无法控制，尽管多年前第一次偶吸时的矛盾心情、哥哥临死前的留恋眼神、父母麻木呆滞的痛苦神情一遍一遍在脑海中出现，他还是在恐惧和眼泪中再次坠入毒品的深渊。注射完毒品后，他狠狠地扇了自己一个耳光，试图用疼痛麻痹自己。很快，一阵令人愉悦的舒适感把他带上了美妙的云端。不久，他又从云端坠入人间，陷入痛苦的自责。如此反复，他深陷其中，无法自拔。经过几周的痛苦挣扎，他再一次决定戒毒。在朋友们的“帮助”下，他发现了一个“好”的戒毒方法——用冰毒替代海洛因。

据说有朋友真的用冰毒戒掉了海洛因，而冰毒有不上瘾、提神、解酒、助性、解忧等种种“好处”。

对于老刘的经历，我有一种矛盾的心情。他能戒断海洛因十多年，并主动帮助身边的朋友戒毒，这不是一般人能做到的，对此我很佩服。虽然他积极地寻找戒毒的方法，但竟然用冰毒来替代海洛因，这种荒唐的行为让人不得不感叹他的愚昧和无知。

戒毒的理由不难找，动机也很充分，但要与刻在骨子里的“美妙体验”进行对抗很难，与毒品长期保持安全距离更难。时间久了，各种复吸的借口（如最后一次吸、不能在朋友面前没面子、偶尔吸一次没事、考验自己）或机会便会接踵而来，让人难以抗拒。

小刚，曾经深刻认识毒品的危害并成功戒毒两年多，从强戒所出来后，他不仅自己不再吸毒，而且鼓励和帮助身边的朋友戒毒。一次，得知一起戒毒的朋友复吸了，为了截断买货的渠道，他怒气冲冲地找到毒贩的住处。可是敲开门后面对毒贩的一瞬间，他清晰地听到了屋里传来的冰壶的咕咚声，深处的记忆一下子被唤醒了，心中的怒气、满腔的责问荡然无存，什么也说不出口。于是，他循着声音走了进去……

在强戒所的候见室里，小岩的父亲给我讲述了小岩戒毒后的故事：“在戒毒后的五个月里，小岩都表现得很好，他的生活、工作逐渐走上正轨，我们很高兴，他自己也信心满满。一次，小岩回家后兴奋地对我说：‘爸爸，您得表扬我，今天我和朋友一起聚会，后来他们吸毒了，还邀请我加入，但我很坚决地拒绝了。’我真心替他高兴，鼓励他再接再厉。过了些日子，小岩又欣喜地告诉我：‘爸爸，您又得表扬我了，这十多天我身上一直带着一包毒品，但我从没有碰过，看来我真的能彻底戒掉毒瘾了。’我们对小岩的表现很欣慰，对他很放心，原以为这一切能一直持续下去，可万万想不到如今又得来‘天堂河’看他了。”

后来，我专门找到了小岩，说起戒毒后的生活，他向我娓娓道来：“那段时间我真的觉得自己能戒掉毒品。聚会时看着朋友们吸毒，我没有一点想法，回家后还曾向爸爸炫耀。后来，为了考验自己，专门从朋友那里要了一小包毒品带在身上，还信誓旦旦地向爸爸保证自己不会碰它。但就是这一小包毒品，又把我无情地拉入了‘魔窟’。那天，自信心爆棚的我产生了一个事后连肠子都要悔青的‘大胆’想法：我要试试复吸一口毒品后自己能否再戒掉。于是，记忆深处的那种美妙感觉又‘溜’回来了。每每回想起这一切，我的心犹如被千刀万剐一般。当初无论如何都不能给自己任何接触毒品的理由，毒品的魔力太大了。”

上面三个故事的主角都找到了充足的戒毒理由，也有强大的戒毒信念，面对毒品更是信心满满，但他们还是坠入了复吸的深渊，何等让人惋惜。惨痛的教训告诫我们，戒毒的动力（决心和动机）会消失，所以生活中一定要远离毒品，包括毒品的各种关联物。对常人来说，酒与毒品是两种不同的物品，没有必然的联系，但吸毒人员清楚，喝酒与吸毒有重要的关联，喝酒让吸毒者暴露在高危情境中，喝酒的次数越多，与毒品发生联系的概率越高。立志戒毒的朋友们，请时刻保持警惕，当毒品或者毒品的关联物靠近自己时，立刻远离，越快越好，越远越安全！请一定记住：吸食毒品没有侥幸，有第一次就会有第二次。

以"我"的痛来疗"你"的伤

大强是我所讲故事的主角之一，是我整理好文字后的第一位读者。稿子交给他的第二天，他便向我谈了自己的读后感。

大强告诉我，他是一口气看完稿子的，里面包括他来天堂河的戒毒生活记录。他边读边回忆，那段经历清晰地浮现在他的眼前，一幕幕在他脑海里回放，让他重新感受了当时的喜怒哀乐。他庆幸自己留下了这些珍贵的文字记录，庆幸遇到了细心的队长，感谢队长在入所之初便为他们搭建了很好的交流平台，感谢队长将这些内容整理成册，让他真切地看到了自己的成长历程。

大强郑重地对我说："我希望将这些文字呈给我的亲人、朋友，这样，他们才会更了解我的心路历程以及我戒毒的决心。我还希望身边吸毒的朋友也能看到这些文字，这既能向他们表明我告别毒品、告别过去的态度，又能让他们了解强戒的过程，重新认识自己，勇于进行痛苦的蜕变。如果他们能因我而变，这是何等让人欣慰！"

听大强说，还有其他强戒人员想看这份稿子，他向我征求意见。我把决定权交给了大强，因为这里记录的大部分内容是他蜕变的心路历程。大强表示很愿意和大家分享自己的体验，也希望能与其他戒友产生共鸣。

过后几天，我找到看过稿子的小艺和大跃，想了解他们的想法。他们都认为稿子的可读性很强，虽然他们的经历不同，却有相同的体验，很有共鸣，更有启发。大跃的感受更强烈，他对我说：“这是我第二次来强戒所进行强制戒毒了，我曾一度下过戒毒的决心，但自己不争气，再次复吸。我的所作所为不仅使自己遍体鳞伤，而且伤透了家里人的心，有家难归。大强的经历让我知道了自己戒毒失败的原因和今后努力的方向。我不能再敷衍自己，以‘出去后再戒毒’为借口，在强戒所混日子。在强戒期里，我要像大强那样积极参与各项戒治活动，虚心学习戒毒知识，以更好地应对出所后可能面临的高危情境。”

听到他们的感想，我备受鼓舞。人都有追求幸福生活的渴望，但毒品让人产生不正常的依赖心理，将人带离正常的生活轨道，导致身体健康严重受损，性格扭曲，生活的希望破灭。成瘾行为的出现，很大程度上源于缺乏应对挫折和压力的能力以及应有的责任感；或是家庭不和睦，选择逃避，放任自己；或是被家庭伤害和抛弃，失去生活的信心。因受吸毒影响而缺失社会生活适应能力的他们，对未来感到沮丧和无助，认为自己的生活只有灰暗没有光明；被强戒两年，对他们来说，无疑是雪上加霜。面对家人，他们有愧疚感，从而躲避家人，以至于戒毒过程中不能获得来自家人的支持，只能一个人苦苦煎熬。这样的生活让戒毒人员更敏感、更孤独、更自闭，这样的状态更加剧了社会大众对他们的误解，导致生活环境更恶劣，形成恶性循环。通过多年的戒毒一线工作经历，我慢慢认识到，吸毒成瘾人员内心都渴望得到理解、鼓励和支持，真诚、平等、尊重是平复他们心绪最好的药剂，具有让他们认同、跟随的强大力量。

我非常希望这些真实的记录能让更多的人看到，有更多的人理解强戒人员，帮助他们，所以才有了这源于天堂河的文字，谢谢天堂河强戒人员，他们勇于坦露自己的心扉，将自己的经历分享出来，用于帮助和他们有相似经历的人。谢谢你们，愿意用自己的伤痛治愈更多的迷途人。